JN206522

来場者4倍のV字回復！
サンリオピューロランドの人づくり

株式会社サンリオエンターテイメント
代表取締役社長
小巻亜矢

ダイヤモンド社

V字回復の
全容を解明!

館内は
こう変わった!

ディスカバリー
シアター

1F

キャラクター
フードコート

SNS映えする
キャラクターメニューが
大人気!

2F

A

B

C

ストロベリー
ホール

〜マイメロディ&クロミ〜
マイメロードドライブ

A 定番! キティ醤油ラーメン
B おやすみシナモンのドリーミーカレー
C 食いしん坊プリンのチキンナゲットカレー

p2 〜 11に紹介している商品やフードはすべて2019年6月時点のもの

メルヘンシアター

「和+KAWAII」で
インバウンド客も
呼び寄せ

メインパレードも
「大人仕様」に

Miracle Gift Parade

エンターテイメントホール

知恵の木

フェアリーランドシアター

「イケメンミュージカル」で
大人女子を呼び込む

ハローキティ イルミネーション『SPARKLE!!』

屋内の強みを生かして
「没入感」をつくる

メルメルショップ

オリジナルグッズを
来場動機に

シナモロール×
メルメルドール

サンリオレインボー ワールドレストラン

キャラクターの
輪郭をなくして
大人っぽく

A ぐでたまのローストビーフ丼
B ポムポムプリンのオムライス チキンのクリームソース デザートカップ付き
C 半熟たまごとたっぷりお肉ボロネーゼ

A

B

C

ぐでたまショップ

カチューシャで
「非日常感」を
楽しむ

上／ポムポムプリンカチューシャ
下／クロミカチューシャ

エントランスショップ

シナモロール ドリームカフェ

A エスプレッソの黒糖タピオカ入りアーモンドラテ
B ココ ＆ ナッツのチョコバナナドリンク
C シナモンのピンクレモンカルピスソーダ
D みるくのほうじ茶ラテ

館のレストラン

キャラクターに
会える
レストラン

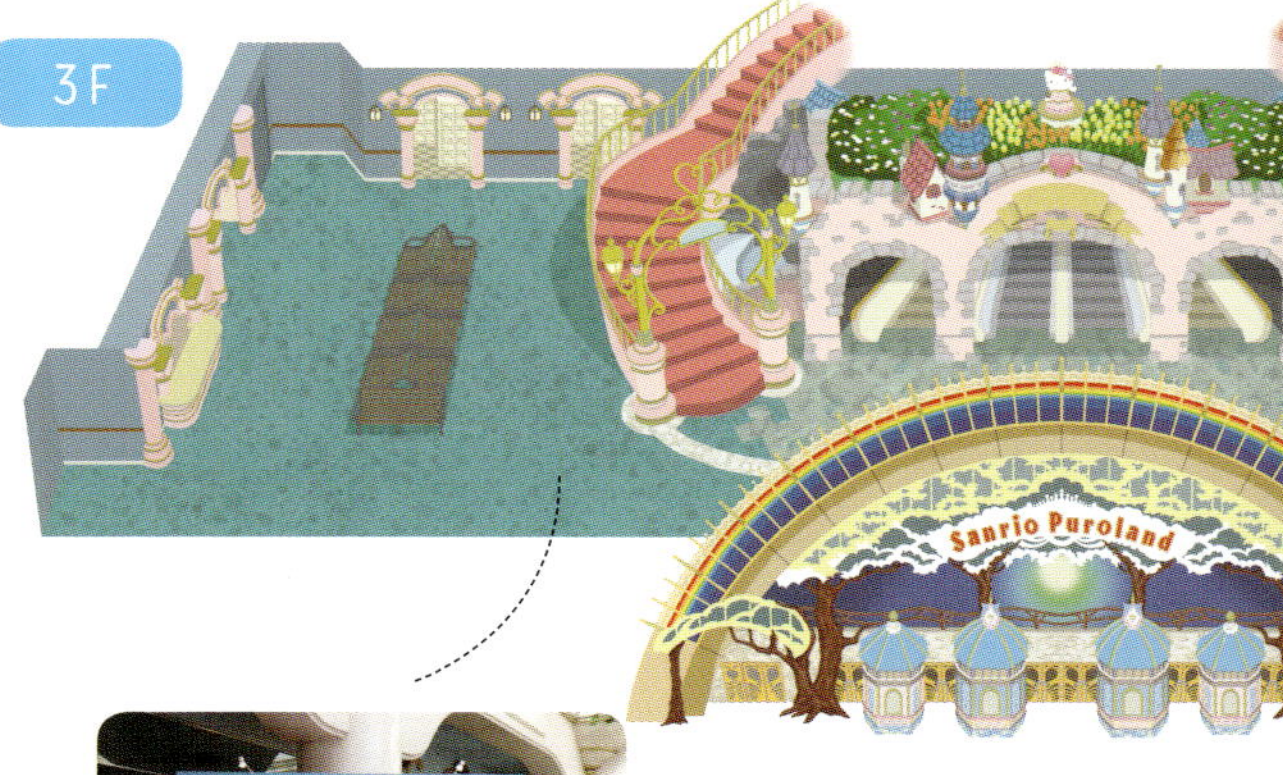

期間限定イベントに連動したフォトスポット

注）時期により異なる

V字回復の秘密 その1

メインターゲットを「大人女子」に変える

Before

「ピューロランドは子どもが遊ぶ場所」という印象が強かった

After

「イケメンミュージカル」で若い女性を呼び込む

上／2018年6月から上演中の『MEMORY BOYS ～想い出を売る店～』
左／想い出の大切さを届ける、感動的なエピソードが胸に迫る
右／イケメン男性俳優たちの力で、若い女性ファン獲得に成功

「和+KAWAII」で
インバウンド客も大喝采!

上／2018年3月から上演中の『KAWAII KABUKI ～ハローキティ一座の桃太郎～』
左／サンリオの人気キャラクターが、ピューロランド版『桃太郎』に挑戦
右／「ハローキティが見得を切った!」と、瞬く間に話題に

メインのパレードを
「大人仕様」に

大人も子どもも楽しめる『Miracle Gift Parade』は、リピート客の増加に貢献

世界観に浸れると人気のハローキティイルミネーション『SPARKLE!!』

お客様と一緒に
コンテンツを作る

V字回復の秘密 その2

キャラクターの輪郭をなくす

Before

レストラン内は「子どもっぽい」雰囲気だった

After

キャラクターの輪郭をなくして「大人かわいく」

上／キャラクターたちの世界観を楽しめる「サンリオレインボーワールドレストラン」
左／レストラン入り口。バラエティ豊かなメニューを楽しめる
右／キャラクターの輪郭をなくしたことで「大人かわいい」空間に

2019年4月にリニューアルオープンした「館のレストラン」

食事中、キャラクターがテーブルを回ってご挨拶。キャラクターに会えるレストラン

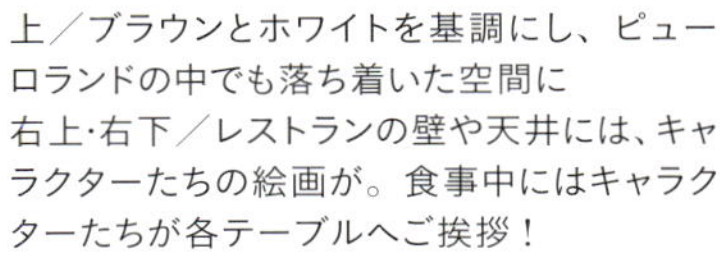

上／ブラウンとホワイトを基調にし、ピューロランドの中でも落ち着いた空間に
右上･右下／レストランの壁や天井には、キャラクターたちの絵画が。食事中にはキャラクターたちが各テーブルへご挨拶！

V字回復の秘密 その3

オリジナルグッズを来場動機につなげる

Before

ピューロランドに来たからこそ買いたいと思えるグッズがなかった

After

「品川紋次郎」グッズを限定発売して大ヒット!

右／ツイッター上のつぶやきから生まれたキャラクター「品川紋次郎」(中央)
上／ピューロランド限定グッズを企画・販売して大ヒット

キャラクター同士の限定コラボ商品も誕生

シナモロールとウィッシュミーメルのコラボも大人気!

V字回復の秘密 その4

「屋内型+キャラの個性」を生かしたイベントを増やす

イースター

マイメロディやぐでたまが大活躍!

夏フェス

音楽フェスのような"ノリ"も取り入れる

春 夏 冬 秋

クリスマス

屋内の強みを生かして「雪」を演出

ハロウィーン

昼は子ども、夜は大人向けの「2層仕立て」に

昼

夜

V字回復の秘密 その5

ウォーミングアップ朝礼と「対話フェス」で笑顔を増やす

Before

現場スタッフもバックヤードも、笑顔と活気がなかった

After

「ウォーミングアップ朝礼」で1日の始まりを笑顔に

1回15分の朝礼で、接客力アップと社内コミュニケーションの活性化に成功。朝礼の内容はバリエーションを持たせて、スタッフが飽きないように工夫した

「対話フェス」で役職や部署の垣根を壊す

左／2014年9月から始めた「対話フェス」。90分でいろいろな人と直接話す場を提供
右／中高年の男性社員と若い女性スタッフなど、年齢や性別の「壁」を取り払った

現場スタッフに
「ありがとう」を伝える

上／ 2017 年 9 月に実施した「サンリオピューロランド　スタッフサンクスデー」
左／閉館後のピューロランドで、約 500 人のアルバイトスタッフをおもてなし
右／スタッフコスチュームを着て、小巻館長と役員がキャラクターと一緒にお出迎え

「働きやすい環境は自分たちでつくる」
という意欲をはぐくむ

2018 年度から始めた女性活躍支援プログラム「Sanrio Entertainment Diversity Management」

Photo Album

53歳で大学院を修了

51歳で東京大学大学院に入学。2年かけて「対話的自己論」を学んだ

サンリオ入社当時

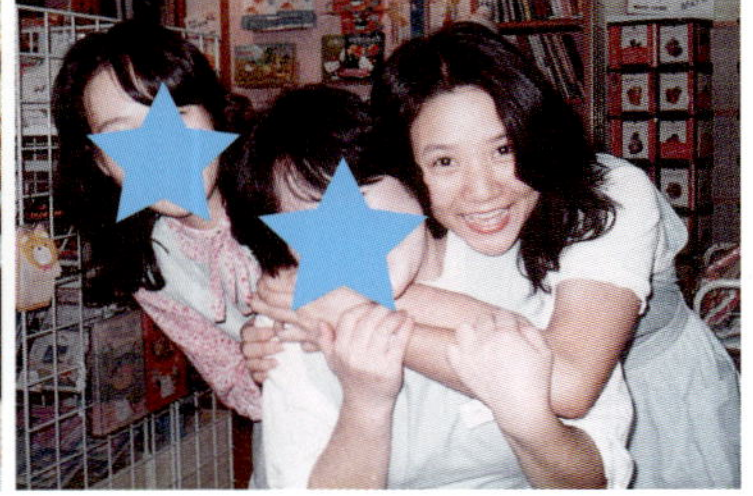

新卒で株式会社サンリオに入社。直営店舗「サンリオギフトゲート」の販売員に

専業主婦時代

24歳で結婚し、株式会社サンリオを退社。3人の子どものお母さんになった

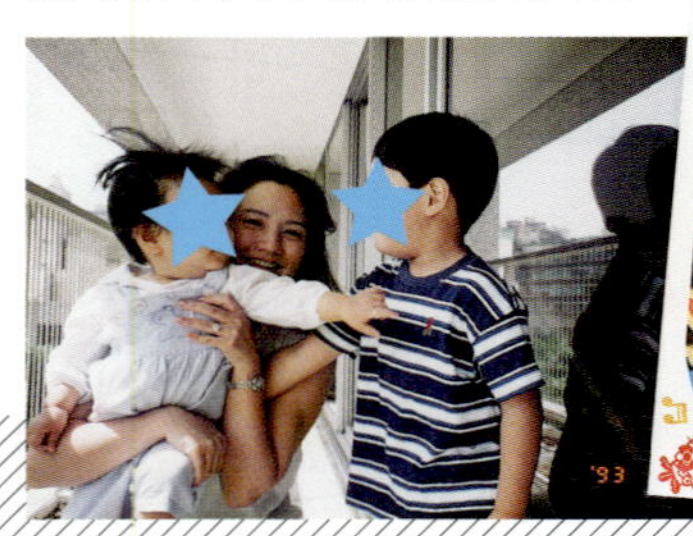

サンリオの関連会社に復帰

化粧品販売の仕事などを経て、40代半ばで株式会社サンリオの関連会社で化粧品を開発

サンリオピューロランドの館長に就任

2014年にサンリオピューロランドに赴任し、2016年には館長に抜擢された

現在

2019年6月より株式会社サンリオエンターテイメント代表取締役社長に就任

向かう先は「世界中がみんななかよく」。
ピューロランドも私も、まだまだの部分は
たくさんありますが、課題イコール、すべて伸びしろ。
課題がある限り、人も組織もいい方向に
変わり続けられると信じています。

プロローグ

「サンリオピューロランドが奇跡のV字回復を果たした」

ありがたいことに最近、さまざまな場面でこんな声を耳にするようになりました。サンリオピューロランド（以下、ピューロランド）の館長という役職を与えられた身として、これほど嬉しいことはありません。

おかげさまで今、ピューロランドの経営はとても好調です。

２０１４年度に１２６万人だった年間来場者数は右肩上がりに伸び続け、２０１８年度には２１９万人と大台を突破しました。

特に平日の伸びは著しく、２０１９年現在の来場者数は、５年前に比べて１日約４倍になっています。客数の増加に伴い、売上高も2015年度から2018年度に至るまで、前年比で約10％ずつ伸びています。

現場のスタッフはやる気と笑顔に満ち、バックヤードの社員たちは日々、立場や部署の垣根を越えて自由にアイデアを出し合っています。その雰囲気が伝わったのか、足を運んでくださったお客様からは最近、**「ピューロランドのスタッフはあたたかい」**とのコメントをたくさんいただくようになりました。

長く低迷していた間にみんなが悩み、考えていたアイデアやスキルが花開き、明るくて温かい空間を作れるようになったおかげだと思います。

この本を手に取ってくださった方のなかには、「ピューロランドをよく知らない」という方もいらっしゃるでしょう。

ピューロランドは、ハローキティをはじめサンリオのキャラクターたちに触れ合える屋内型テーマパークです。館内では、子どもから大人まで楽しめる本格的なミュージカルやパレードを上演しています。

飲食スペースでは、若い女性たちを中心にキャラクターの顔をあしらったカラフルなカレーなど、写真映えするメニューが大人気。「**〝SNS映えしすぎる〟テーマパーク**」としても話題を呼んでいます。

今でこそ笑顔と活気にあふれるピューロランドですが、2014年に私が赴任した当初はまさに危機的な状況にありました。

サービスからコンテンツ、プロモーションに至るまで課題が山積み。館内は暗く、スタッフには笑顔が少ない。すべてがどんよりとしていました。

残念なことに、友人や家族を呼びたい、是非来てほしい、と思える雰囲気ではありませんでした。社員やアルバイトもきっと、同じ気持ちだったと思います。

そんななか、ピューロランドはなぜ変わったのか。

今思えば、それは1本のリポートから始まったのかもしれません。

第1章では、エンタメ業界とはまるで縁のなかった私がピューロランドの仕事に就くことになった理由を書きました。

２０１４年3月、久しぶりに訪れたピューロランドでのショックな体験。「少しでもお役に立てれば」との思いで、サンリオの辻信太郎社長に送ったリポート。その当時の様子をお伝えすることで、ピューロランドが抱えていた課題をみなさんと共有し、共にV字回復の道をたどっていただければと思います。

第2章では、この本のタイトルにある「ピューロランドの人づくり」の具体的な取り組みを余すところなく盛り込みました。

課題が山積しているなか、私の強みを生かせることは何か。

出した答えが「**人をはぐくむこと**」でした。

私が専門とするコーチングや心理学の知識も少し交えながら、スタッフの意識を変え、職場の雰囲気を変え、やる気を引き出すために取り入れた仕掛けと、私が日々心がけているコミュニケーション手法を紹介しています。

「いろいろな価値観をもつ社員をひとつにまとめたい」

「役職や部署の壁を壊したい」

「自由にアイデアが飛び交うチームを作りたい」

そんなビジネスパーソンの方々に役立ててもらえる内容になれば、と思います。


第3章では、想定外続きだった私の半生を振り返りました。

サンリオに入社した理由。子どもの死。離婚。シングルマザーの再就職。乳がんの罹患と、子宮の全摘出。そして、50歳を過ぎてからの東京大学大学院進学――。

たくさんの「想定外」を乗り越えながら、今に至るまでの軌跡を綴っています。

この章をお読みいただければ、私がなぜ人材育成に興味を持ち、ピューロランドで人づくりを手がけてきたのかが伝わるのでは、と思います。

人生の壁にぶつかって身動きが取れずにいる方や、頑張っているのに自己肯定感を持てない方、人とのコミュニケーションや子育てに悩んでいるお母さんたちにも、私の経験が少しでも何かのお役に立てるのなら嬉しいです。


第4章では、人づくり以外の部分における、ピューロランドのビジネス戦略を紹介しています。

テーマパークはコンテンツやサービスはもちろん、物販、飲食、プロモーションなど業容が多岐にわたります。これらをどうテコ入れし、来場者数と売上高のV字回復につなげたのか。これまで語る機会がなかった個別の戦略についても詳しくお伝えしています。すべてのビジネスパーソンに共通する、業務上の課題解決に役立つヒントになれば、と思います。

ピューロランドやサンリオファンの方にも楽しんでいただける「裏話」も盛り込みました。パレードやショーに出てくる歌やセリフに触れながら、ピューロランドを追体験していただける内容になっています。

第5章でお伝えするのは、ピューロランドの「今」と「これから」です。

V字回復した今こそ、よりよい未来を作るために気を引き締めなくてはいけません。社員や組織の状態を把握するための新たな指標の導入。次世代を担う社員たちが率先して、働き続けたいと思える会社を作るための仕組み作り。そして、ビジネスをするうえで欠かせない、SDGs（持続可能な開発目標）への具体的な取り組みについて。

エンターテイメントという枠にとらわれず、ピューロランドという資産を生かして何ができるのか。ビジネスの〝勘所〟についても、私なりの考えをまとめました。

なお、第2章から第4章の章末には、数ページずつコラムを挟んでいます。

ここで紹介しているのは、私が日々行っている小さな習慣です。働く女性のみなさんはもちろん、仕事と子育てを両立しているお母さんたちにも使えるヒントになっています。

「あの人は日々、こんなことをやっているのか」と、クスッと笑って楽しみながら読んでいただけると嬉しいです。

この本を通じて伝えたいことは、大きく4つあります。

仕事の本質は「人として成長する」ことにあるということ。

人はいくつになっても変われるし、無限の可能性があるということ。

サンリオの理念である「みんななかよく」のためにはまず、「**自分となかよく」する**

のが大切だということ。
そして、「**人生は想定外でできている**」ということです。

ピューロランドに着任したばかりの頃、私には自信などありませんでした。

しかし今、スタッフが元気になり経営が上向いたことで、これまでの取り組みには意味があったのかな、と思えるようになりました。


私のミッションは終始一貫しています。みんなが自分や組織にはめてきた枠を外し、挑戦する気持ちを呼び起こすこと。そして、スタッフの成長を促すことです。

人材育成の仕組み作りも、結局は、個人と会社の可能性を引き出すための仕掛けといえます。


ピューロランドも私も、まだまだの部分はたくさんあります。

でも、課題イコール、すべて伸びしろです。

課題がある限り、人も組織もいい方向に変わり続けられる、と信じています。

この本を通じて、読者のみなさんが、ご自身や職場にはめている枠を外すきっかけになることができれば嬉しく思います。

小巻亜矢

目次

プロローグ……17

第1章 すべては1本のリポートから始まった……33

思い出の中にあるピューロランドは輝いていた……34
「大変です！ ピューロランドは可能性に満ちています」……38
エンタメ業界の素人に何ができるのか……42
「この会社は黒字にならない」……46

第2章

朝礼と「かわいいトイレ」の効果は絶大！ 49

やさしい話し方、あたたかな聴き方 50
「ウォーミングアップ朝礼」でスタッフを笑顔に 58
上司は1回で説得しようと思わない 62
朝礼は貴重なマーケティングの場でもある 66
「対話フェス」でおじさんと女子を仲良く 69
挨拶だけで社内の雰囲気はぐっと良くなる 74
「コンセプト会議」で組織に横串を刺す 79
「期間限定」「お試し」と言えば反対されない 82
男性脳には「数値化」が効く 85
廊下ですれ違いざまに「2行メッセージ」を送る 86
「バックヤードこそテーマパークに！」 91
トイレの落書きは、心の叫びを表すサイン 96

「いつでも遠慮なくメールを送ってください」……98
ミッションはみんなの「お母さん」役になること……101
相手の荷物を背負いすぎてはいけない……103
COLUMN 「自分となかよく」するための毎日の習慣①……108
バッハの音楽で集中モードに切り替える……108
スタッフの「隠し撮り」でやる気を出す……109
悩んだら「三日坊主でもやってみる」……111

第3章 人生は「想定外」でできている

第3章 人生は「想定外」でできている……113
「小さな贈り物」が大好きだった……114
号泣して帰ったサンリオの会社説明会……116

「お給料はいらないので、休みもいらないです」……121
次男を失った日の記憶……124
人って、哀しくてかわいい……127
精神的・経済的自立が女性を美しくする……130
「サンリオで化粧品を作らない？」……136
コーチングを通じて女性の悩みに応えたい……138
左胸と子宮の全摘出に迷いはなかった……142
51歳から大学院で自己論を学ぶ……146

COLUMN 「自分となかよく」するための毎日の習慣②……152
その日の服装は占いで決める……152
ストレスが溜まったら書いて捨てる……153
学ぶなら「通学スタイル」を選ぶ……154

第4章 ピューロランドの桃太郎が鬼退治しない理由 157

「これからはピューロランドの時代が来る！」 158
イケメンミュージカルで大人女子の心を鷲掴み 160
ハローキティのセリフに思いを託す 168
キャラクターのビジュアルは「メイキング感」が大事 176
「子どもが行く場所じゃなかったの？」と思ってもらえたら成功 178
オリジナルキャラクターは強力なIP 184
三世代、インバウンドも呼び込んだ
「KAWAII KABUKI～ハローキティ一座の桃太郎～」 186
屋内型テーマパークの強みは「没入感」にある 193
「食べたい」「撮りたい」キャラクターメニュー 197
エイプリルフールのツイートから生まれた「品川紋次郎」 201
カチューシャはピューロランドの「ドレスコード」 208

社内のデジタルアレルギーを払拭した「ちゃんりおメーカー」……210
ピューロアンバサダーが社員に教えてくれたこと……217
COLUMN 「自分となかよく」するための毎日の習慣③……220
いろんな自分を認めてあげる ──対話的自己論──……220
「バスのワーク」は他者理解にもつながる……223

第5章 課題の「深読み」で、はぐくむ力を強くする

第5章 課題の「深読み」で、はぐくむ力を強くする……225
「ダメ出し」のおかげで社内が一つにまとまった……226
従業員エンゲージメント指数で課題を「早期発見」……230
評価シートに込めた経営の方向性……233
「待ち」の姿勢では女性のキャリアは育たない……235

仕事の目的は、お互いに成長すること 237
「感情モニタリング」は大人のたしなみ 239
ＳＤＧｓはピューロランドのビジネス戦略である 243
「ＫＡＷＡＩＩ」で世界を変える 246

エピローグ 252

第1章

すべては1本のリポートから始まった

思い出の中にあるピューロランドは輝いていた

「え、私が、ですか?」

2014年5月。株式会社サンリオの辻信太郎社長（株式会社サンリオエンターテイメント会長。以下、辻社長）に、サンリオピューロランドへの赴任を命じられたときの第一声です。

始まりは、社長に提出した感想文でした。

当時、ピューロランドは長年にわたる経営悪化を指摘されていました。私の耳にも、社内外からピューロランドの先行きを不安視する声が入ってきました。

「チケットをもらったから行ってみたけど、残念な感じだった」

そう聞いてふと、1990年の創業時はよく行っていたのに、ここ15年ほどピューロランドに足を運んでいないと気付きました。

幼い子どもたちを連れて訪れたときのピューロランドは輝いていました。

「愛と夢とで、できた国。」をキャッチコピーにオープンしたピューロランドには、最先端の技術を使ったアトラクションが揃っていました。国内初の、360度回転式シアター。3D映像や音響とともに、場面と連動して客席が揺れ動いたり、香りが出たりする体感型アトラクション。他に類を見ない、斬新なテーマパークでした。

パレードやショーのクオリティも高かった。何度も見たいと思いました。

私の思い出のなかにあるピューロランド。それは活気にあふれ、子どもも親も安心して楽しめる素敵な場所だったのです。

一体、何が起きているのだろう。

ピューロランドの低迷を他人事とは思えず、2014年の春、私は一般客として、ひとりで遊びに行きました。

15年ぶりに訪れたピューロランドは全体的に暗く、どんよりとしていました。

入場してまず思ったのは、スタッフに笑顔が少ないこと。閑散とした館内で、手持ち無沙汰な感じで立っているスタッフの姿ばかりが目立ちます。ショップには色とりどりの商品が並んでいるのに、心に色が届いてきません。

レストランの食事も、なんともいえない状況でした。温かくあってほしい料理が冷たいまま出てくる。それ以前に、食べたいと思えるメニューがありません。

施設の老朽化も目立ちました。

衝撃的だったのは、お客様用駐車場の壁の汚さです。ペンキが剥がれ、コンクリートにはシミが浮き上がっていました。駐車場は、お客様が最初にピューロランドに触れる場所です。それがこの薄汚い壁というのはないよね、と。

お土産を買おうと思っても、商品にオリジナリティがないので「あえて買わなくてもいいのでは」と思ってしまう。

「これでは、人は来ないだろうな」

とても残念ですが、そう思いました。

一方、改めてピューロランドを五感で味わったことで、私のなかには「**ピューロランドは絶対に良くなる**」という思いも芽生えました。

まず、天候に左右されない屋内型の施設だということ。最近の酷暑やゲリラ豪雨などの影響を受けず、いつ来ても快適に過ごすことができます。これはもっと評価されてもいいポイントだと思いました。

2つめの理由は、本格的なショーを開催できるシアターが整っていること。実際、私がその日見たパレードやショーはどれも素敵でした。演者さんの頑張りがよく伝わってくるし、クオリティも高い。感動で涙が溢れました。ストーリーとともに、世界観を作れる施設なのです。

ただ、お客様が少ないから盛り上がりに欠け、熱演している演者さんが本当に気の毒で、「もったいない」「もっともっと、多くの方に見てもらいたい」と思いました。

3つめの理由は、「みんななかよく」という、サンリオが創業からずっと掲げてきた理念を発信できるという強み。

東日本大震災など、平成の時代に私たちは多くの災害を経験してきました。みんなが「絆」や「助け合うことの大切さ」に気付き始めた今、サンリオの理念はたくさんのお客様に深く共感してもらえると感じました。

サービス、インフラ、コンテンツ。

久しぶりに訪れたピューロランドは課題満載でした。決してスタッフが悪かったわけではありません。さまざまな要因が複合的に絡み合って、負の連鎖が起きていたのです。素人の私が見ただけでも、ここもダメ、ここもダメとすぐに気がつく。課題が明確だということは、良くなる余地が多いということ。すぐにテコ入れできることであふれている。

ピューロランドは可能性の宝庫。

そう確信しました。


「大変です！　ピューロランドは可能性に満ちています」


帰宅してすぐに、サンリオの辻社長に手紙を書きました。そこには、久しぶりに顧客として訪れたピューロランドの感想と、目についた課題を簡単に綴りました。

手紙の最後はこう締めくくりました。

「社長、大変です！　ピューロランドは可能性に満ちています」

翌日、すぐに社長に呼ばれました。

「ピューロランドが良くなると言うが、本当にそう思う？」

「本当です。絶対に良くなります」

「ではもう1回、外部の視点でしっかり見てきて」

そう言われて、今度はサンリオが好きな友人と一緒に視察に行きました。

私だけではサンリオを贔屓目（ひいきめ）に見てしまいかねないので、**客観的な視点でチェックしてくれる友人の力を借りた、いわば覆面調査**です。


まずはサービス面から。

「パレードは何時からですか？」

「落とし物をしたのですが」

館内に立っている、大学生のアルバイトらしきスタッフにいろいろな質問をしました。

帰ってきた反応は、散々なものでした。

受け答え以前にまず、話をする態度がなっていません。姿勢がまっすぐではなく、片足重心立ちなのです。暇だからというのもあったのでしょうが、これではお客様にダラダラとした印象を与えてしまいます。

言葉遣いも残念でした。

「次のパレードは何時からですか？」と聞くと一言、「わかんないっすね」。知らないにしても最低限、「申し訳ございません。別の係の者に聞いて参ります。少々お待ちくださ い」くらいは言ってほしかった。

売り場のスタッフも、似たような状況でした。

「マロンクリームの商品はありますか？」

ちなみにマロンクリームは、１９８５年にサンリオが発売して人気を集めたウサギのキャラクターです。ピューロランドでは扱いがないと知っていながら、あえて意地悪な質問をしてみたところ、逆にこう聞かれました。

「**マロンクリームって、何ですか？**」

若いスタッフですし、知らないのは仕方ありません。でも、その言い方はダメでしょう。「知識不足で存じませんので、すぐに確認します」と言ってくれたらよかったのに。

一事が万事、こんな調子でした。

とはいえ、**これは本人たちの責任ではありません。きちんと教育がなされていないだけ。**そもそも、ピューロランドが好きで仕事をしている人たちです。きちんと教えてあげれば必ず、いいサービスを提供できます。

レストランで提供しているメニューは、種類も味も課題だらけでした。

お客様の数が少ないと、どうしても食材の調達などに制限がかかります。でも、食事は温かくて、おいしいのが大原則です。ブロッコリーもダメ。ニンジンもダメ。食事をしながら心の中で、ダメ出しを連発せざるを得ませんでした。

設備は先ほど言ったように、随所に老朽化の跡が見られました。

ただ、それ以上に気になったのが、館内に貼られたショーやイベントの案内表示です。コーナーによって、案内表示に使われている文字のフォントや色、キャラクターの配置などがバラバラ。統一感のなさから社内の連携が取れていないことが見て取れました。

連携不足やコミュニケーション不足は、ピューロランド全体に言えることでした。

たとえば、シーズンイベントをやっている時期なのにイベント関連のグッズが売り場にない。テーマパークなのに、ピューロランド全体のテーマが伝わってこないのです。**キャラクターやショー、コンテンツを通じて、今のピューロランドは何をしたいのだろう。**そう疑問に思わざるを得ませんでした。

日を改めて、今度はエンタメ業界の知人と一緒に覆面調査へ。

前回の視察で気づいた改善点について、プロの視点を交えながら客観的な意見をもらいました。

エンタメ業界の素人に何ができるのか

私の認識は、大きくは外れていない。

そう確認できた私は改めて、社長宛に視察結果を報告しました。

「最低限の接客スキルが身につくよう、繰り返し教育する場が必要」

「レストランはキャラクターのメニューを増やしたほうがいい」

「コンテンツはより一層、サンリオのメッセージをわかりやすく打ち出すべき」

サービスから組織運営の課題まで、カテゴリ別に、改善点をA4用紙10枚ほどにまとめました。

断じて言いますが、このときもまだ、私がピューロランドの改革に携わることになるとは露（つゆ）ほども思いませんでしたし、やるつもりもありませんでした。ただ、「サンリオにとって宝の山だ」ということをお伝えしたい気持ちに、迷いはありませんでした。

しかし、社長の反応は驚くべきものでした。

「じゃああなた、やってみる？」

青天の霹靂（へきれき）とは、まさにこのこと。どうやら「ここまで具体的に書いてあるなら、任せてみるか」と思ったようです。

とはいえ、**私はエンタメ業界の素人です。**それが「あなた、やってみる？」と聞かれて正直、とても戸惑いました。

この頃、私はすでに今後の方向性を固めていました。49歳のときにサンリオのグループ会社として女性支援の会社を立ち上げ、51歳からの2年間は大学院で学びを深めました。このときに研究した「対話的自己論」を生かしながら、教育業界で次世代の育成に取り組もうと思っていたのです。

紆余曲折を経て、残りの人生をかけて取り組みたいテーマが見つかった。その準備もできた。そんな矢先に、ピューロランドの仕事に就くというのは想定外すぎました。学びも含めて、すべてが無駄になってしまうのではないかという思いもありました。

しかもテーマパークの運営です。サービス、プロダクト、設備、運営、マーケティングにプロモーション。マネジメント範囲が多岐にわたります。さらに、時代はデジタルトランスフォーメーション。私の苦手な分野です。やり遂げられる自信もありません。

「……**少し考えさせてください**」

そう言って、社長からの提案を持ち帰りました。

この日から2週間、自分との対話が続きました。

私でいいのだろうか。私にできるのだろうか。どう考えても不釣り合いな気がする。

能力的な不安に加えて、「乳がんや子宮の病気を患った後の身体で大丈夫か」という、体力面での不安もありました。

サンリオの同期や先輩に相談もしました。すると、みんなが「あなたは真面目だからできるよ」と言う。「女性がやったほうがいいかもしれない」とも言う。一方で、いつも私の身体を案じてくれる親友には、「いまさらまた苦労を背負わなくても」と言われました。

でも結局、悩んでいる時点で「無理です」という選択はない。背中を押してくれる何かがほしかったのだと気付きました。

昔から「できない」と言えない性格です。それまでの人生、与えられた機会は何でも引き受けてきました。

「迷ったら、挑戦するほうを選ぶ」

これは私のポリシーでもあります。

しかも私は、オープン当初の輝いていたピューロランドを知っている。「みんななかよく」というサンリオの理念を伝える場であるピューロランドは絶対に残すべきだと、心から思っているのです。

「この場所が、別の名称に差し替えられたりするのを見たくない」

子どもたちと訪れたときの幸せな思い出と、運命的な巡り合わせが重なり合い、私の気持ちは固まりました。

「この会社は黒字にならない」

「やってみます」

提案から2週間後、辻社長にそう報告しました。

2014年6月。

リポートを書いたわずか1カ月後に、私はサンリオエンターテイメントの顧問としてピューロランドに出向しました。

初めて東京・多摩市にある本社に出社した日のことは、今でも覚えています。

「今日から顧問に着任しました」といった、堅苦しい挨拶はゼロ。社内を見学しながら静かに過ごしました。

今思えば、受け入れるほうも微妙な気持ちだったと思います。何ができるかわからない女性が、社長の指示でやってきたわけです。私の出向を苦々しく感じていた人も、少なくなかったでしょう。

ピューロランドの館内以上に、バックヤードは沈んだ空気に包まれていました。

会議は義務的に進行し、笑いはなく、それぞれが自分の書類を見つめるばかり。アイコンタクトもほとんど取らない。

どこに復活の糸口があるのか。しばらくはオブザーブに徹しました。

顧問に就任してもなお、私には「リーダーシップを発揮して、私がピューロランドを改革します！」などと、上に立って旗を振る気はさらさらありませんでした。いわゆるサーバント・リーダー型。「お母さん」的な存在として、みんなをサポートし、可能性に気づいてもらえたら。そう思っていたのです。

しかし、初めての役員会で「この会社は何年くらいで黒字になりますかねえ」と何気なく聞いたとき、私のスイッチが入りました。

「この会社は黒字にならない。無理、無理」

そう言っているかのように、首を横に振られたのです。

あまりの衝撃に二の句を継げず、その場の会話は途切れてしまいました。

しかし同時に、猛烈なやる気が沸き起こってきました。

この瞬間、私のなかで決意が固まりました。

「2年で黒字にする」

これはもう、ぐずぐずしていられない。すぐに行動を起こすべし。

私自身がビジョンを持とう。自分の中で期限を決めよう。

コーチングでは、期限を決めるというのはとてもパワフルな問いかけです。期限を決めることで、思考も言動も変わります。2年という数字に緻密な根拠はありませんでしたが、やる気や情熱のスイッチが確実に入りました。

やる気と情熱だけで黒字化はできませんが、誰かがクレイジーなくらいやる気をみなぎらせ、情熱ある言葉を使い続けなければ会社を変えることはできないと思ったのです。

私だからできることは何か。

自己対話を繰り返した末、当時私の秘書的な役割をしてくれていた広報担当のスタッフにこうお願いしました。

「社員全員の話が聞きたいです」

第2章

朝礼と「かわいいトイレ」の効果は絶大！

やさしい話し方、あたたかな聴き方

突然与えられた、ピューロランドの経営立て直しの仕事。

エンターテイメント業界は初めてです。かつ、サンリオのグループ会社にいたとはいえ、外部から出向してきたアウェイの立場。やるべきことを見極めるうえで立ち返ったのは、「自分の強みや得意分野は何か」ということでした。

社長に渡したリポートに、私はこんなことを書きました。

「**根本的な問題は、各部署やスタッフの間で情報が共有されていない点にあります。一人ひとりが悪いとか、怠けているというのではありません**」

コンセプトや理念がよく伝わってこない。

スタッフの教育がなされていない。

ショー、イベントとグッズの連動がない。

館内の案内表示に統一感がない。

これらはすべて、コミュニケーションが足りないから起こる問題です。みんなで話をする機会を増やすことが、絶対に欠かせません。

私の得意分野は心理学的アプローチです。人間関係や、自分自身との向き合い方に悩み続けた日々を経て、コーチングや心理学を学んだことが強み。であれば、まず私にできることは、スタッフ同士が気軽に話せる風土を作ることです。

そのためにすべきなのは、みんなの話を聞くこと。社員のことを知らなくては何も始められないし、社員の言葉から解決策が見えてくるはずです。

「全員の話が聞きたい」と言ったのには、そんな理由がありました。

とはいえ、ピューロランドには約２００人の社員と、約７００人のアルバイトさんがいます。さて、どうするか。

それから約１週間後。役職や部署ごとのワークショップをスタートしました。

幹部を含め、社員を12のグループに分け、1回につき60分から90分程度ずつ、みんなで話す場を設けました。1グループの人数は少ないときで6人、多いときで16人ほど。このサイズなら、全員が話をしているのを傍で聞くことができます。

「ただでさえ忙しいのに、ワークショップなんて面倒臭い」

否定的な空気を感じることもありました。それでも約1カ月かけて、全員の話を聞くことができました。

面談やワークショップでは、5つの質問をしました。

①　なぜ、ピューロランドで仕事をしようと思ったのですか

②　なぜ、大変な時期でもピューロランドを辞めなかったのですか

③　あなたがこれまで「一番頑張ったこと」は何ですか

④　これまで「一番大変だったこと」は何ですか

⑤　ピューロランドを誰かに紹介するとき、アピールしたいポイントはどこですか

これらの問いは、私が学び続けてきたコーチングでよく使う質問がベースになっています。

質問を通じて参加者から引き出したかったのは、ピューロランドへの思いです。組織の力を高めるには、メンバーの思いを引き出し、気づきや原動力に変えることが大切です。**リーダーになった瞬間に、上から「こうしましょう」と押し付ける人もいますが、そのやり方では反発を招くだけです。**

話した時間は、1人につきトータル20分ほど。時間が限られているため、2人1組で話し合ってもらったりしながら、私はひたすらみんなの思いを聞くことに徹しました。話すことで得た気づきなどは、ワークショップの後半に全員で共有しました。

結果は「宝の山」、大成功でした。そのとき聞かせてもらったことが、私自身にとっても大きな原動力になりました。

「ピューロランドについて、こんなに熱くなれる自分に驚いた」

ワークショップ終了後、社員たちからこんな感想をもらいました。

本音を口にしたことも、あえて聞いてもらう機会もほとんどなかった社員たちです。

ピューロランドへの思いはあっても、第三者に話す機会がなかっただけ。自分の気持ちに蓋をしていただけだったのです。


一方で、なかには否定的なことを言う社員もいました。

「頑張っているのに報われない」

「これだからピューロランドはダメなんだ」

でも、**不満の声は期待の裏返しです。こんな話をする人ほど、実は熱い思いや理想を持っています。**


どの会社や組織でもそうですが、結果が出ていないときはつい、「こんな会社、もうダメだ」などと毒づきたくなるものです。

しかし、そんな**苦しい状況にあっても組織に残っていてくれるのは、希望や理想を捨てていないから**です。


その背景にある思いを引き出すことが、再び心に火を灯すことにつながります。

「ピューロランドを誰かに紹介するとき、アピールしたいポイントはどこですか」

質問にこの項目を入れたのは、ピューロランドへの前向きな気持ちを呼び起こしたかったためでした。

過去の問題点や起きていることの原因追及も大切ですが、**当時のピューロランドに必要だったのは、自分たちの可能性や潜在的な強みに気づくことでした。**

そして、質問を通じて、多くの社員が「屋内型は最大の魅力」「ショーのクオリティが高い」「キャラクターたちが本当にかわいい」など、それぞれが思うピューロランドの魅力を教えてくれたのです。


ピューロランド愛に溢れていたのは、一部の社員だけではありません。

初めは斜に構えていた古株の男性たちも、いざ1対1で話をしてみると、言葉の端々に熱い思いが感じられました。彼らは経営状況が厳しいなか、待遇面などを理由に辞めていった社員を何人も見てきています。努力してもなかなか報われない、改善できない苦しさを長年、味わってきた人たちです。

「ピューロランドが好きでも辞めざるを得なかった人のために、たとえ最後の一人になっても自分は頑張って、良くなったピューロランドを見せたい」

こう話してくれた部長がいます。こんな素敵な言葉を聴いてから、私のやる気スイッチがオフになることはありませんでした。

社員の対話を促すとき、重要なのが、話し方と聞き方です。

私はよく、「**やさしい話し方**」「**あたたかな聴き方**」という表現を使います。

実はこの言葉、大学院で教育学を研究していたときに授業研究のクラスで知った、静岡県のある小学校で使われているものです。

その小学校では新学期を迎える4月に、それぞれのクラスで「やさしい話し方」「あたたかな聴き方」のルールを決めます。

まず、先生が「やさしく話す、あたたかく聴くってどんなことだと思う?」と生徒に問いかけます。そして「ゆっくり、わかりやすく話す」「話を遮らない」「『話してくれてありがとう』という感謝の気持ちを持つ」など、生徒たちが決めた定義をベースに1年間、話し方と聴き方に気を配りながら過ごすというものです。

お互いの意見や考えを尊重し、折り合いをつけながらみんなで学校生活を送る。この取り組みを始めてから、その小学校ではいじめや不登校が減り、学力も上がったといいます。

小学校で導入しているようなシンプルな習慣こそ、基本を忘れがちな大人にとって有効です。私はワークショップはもちろん、会議や研修でも折に触れて「やさしい話し方」「あたたかな聴き方」の大切さを伝えています。

照れくささや、これまでの癖が邪魔してできないコミュニケーションも、仕組みを作って標語を掲げると、少しずつ変わってくる。大人こそ、変わるきっかけや変わるための言い訳（「しょうがないからやってやるよ」でもいいのです）が必要なのでは、と思います。

実際、この2つを心がけるだけで、社内の雰囲気はとても変わりました。

「そうなんだ」

「大変だったね」

否定されずに話を聞いてもらえると、話し手の承認欲求が満たされます。そして「意見を言ってもいいんだ」と思えるようになります。これが、組織を大きく変えるきっかけになるのです。

なぜか。

それまで「自分には直接関わりがない部署のことだから、黙っておこう」と思っていた人も、「いいアイデアがあったら、伝えたほうが役に立てるんじゃないか」と、思いを口に出すことを前向きに捉え始めるからです。

話を聴く側も、能動的な姿勢を持つことで、対話することが楽しくなってきます。何より、いろいろな人の協力を得られるほうが、仕事の質を高めやすくなります。

結果として、組織が活性化するのです。

「ウォーミングアップ朝礼」でスタッフを笑顔に

ピューロランドに着任して3カ月後の2014年9月。ワークショップに続いて始めたのが「ウォーミングアップ朝礼」(12ページ写真)です。

課題が山積みのなか、やるべきことに優先順位をつけました。そのうえで「待ったなし」と判断したのが、館内スタッフの接客スキル向上でした。

初めて来たお客様にとって、直接触れ合うスタッフがピューロランドの顔です。接客スキルの低さはスタッフの責任ではなく、基本的なことを教育する場を設けていないことに原因がありました。これはもう、研修あるのみです。それも単発ではなく、毎日繰り返す必要があります。**日々のルーティンとして、体に染み込ませる必要があるのです。**

平日は1日に9回、休日はいちばん多い日で17回。1回の所要時間は約15分。朝礼の基本ルールです。参加者は、サービスを担当するスタッフ全員。担当エリアやシフトによって出社時間がまちまちなので、これだけの回数が必要になりました。

ウォーミングアップ朝礼の主な目的は3つ。

接客スキルの基本を身につけること。
モチベーションをアップして、一日を笑顔で過ごしてもらうこと。
そして、チームワークを強化することです。

朝礼はまず、自己紹介から始まります。
2、3人が1つのグループになって、それぞれ名前と働くエリアを伝えます。その後、運営スタッフが「最近のマイブーム」など、仕事と直接は関係のないお題を投げます。「好きなサンドイッチの具は」「好きなキャラクターは」といった、誰でも話しやすいものがベストです。

自己開示につながるアイスブレイクを冒頭に取り入れたのは、スタッフの笑顔を引き出すためです。

接客サービスには、笑顔が不可欠です。でも、「笑顔になってください」とお願いしたところで、できない人は100回言っても無理です。

一方、自分のことを話すと大抵、人は照れくさくなったりして思わず笑みを浮かべます。**表情は、心のありように直接繋がります。**オープン時間前に朝礼で表情を緩めておくと、仕事中も笑顔で、前向きに過ごしやすくなります。

続いて、サービススキルの研修です。

「お客様に聞かれてわからないことがあれば、『申し訳ございません。担当者に確認して参りますので少しお待ちいただけますか』とお伝えしましょう」

「立ち姿勢はまっすぐと。手は前で軽く重ねて、おもてなしの姿勢を示しましょう」

基本的な立ち居振る舞いを教え込んでいきました。

スタッフが飽きないように、「こんなときどうする?」という筆記クイズを出したりと、内容や手法にはバリエーションを設けました。

変わり種は「キャラクターを一筆書きで書いてみよう！」。キャラクターへの理解や愛情を深めるのに、意外と役立つのです。このときは、描いた絵をスタッフ同士で見比べて、みんな大笑いしていました。

朝礼は、いろいろな人と知り合う場としても機能しました。同じアルバイトでも、担当エリアが違うとなかなか話す機会がありません。**朝礼で会話を交わし、お互いに笑顔で過ごすと、それだけで部門やエリアの垣根を越えた仲間意識が芽生えます。**

盛り上がった後で、運営スタッフが大切な情報を共有します。

「今日のパレードは14時スタートです」

「4階のシナモロールアニバーサリーショップに限定商品が入りました」

「団体のお客様がお越しになるので忙しくなりますが、笑顔を忘れずに過ごしましょう」

朝礼の最後に、スタッフ同士で見た目をチェックします。コスチュームはちゃんと着こなせているか。髪の毛は乱れていないか。ネームタグは曲がっていないか。

そして最後に、いつもの合言葉で締めます。

「**今日もよろしくお願いします。キティ大好き！**」

「キティ」と「大好き」。どちらも語尾の母音がイなので、自然と口角が上がって笑顔になります。

スタッフ一人ひとりの顔を見ながら、こちらも笑顔で「いってらっしゃい！」と送り出します。

上司は1回で説得しようと思わない

ウォーミングアップ朝礼を導入するときも、社内では賛否両論ありました。

全スタッフに15分早く出社してもらうと、人件費だけで数百万円かかります。経営難に陥っている組織でなくとも、簡単にイエスと言える額ではありません。表立って反対しないまでも、「**導入することで得られる効果を、目に見える数値で示してください**」などと、何度も言われました。当然のことです。

それでも私のなかには、「お金がかかるからやらない」という選択肢はありませんでした。社内を突破するために、徹底的にロジックを練り上げました。

こういうとき、私は「**どうやったら実現できる？**」と自分に問いかけます。そうすると思考のスイッチが入り、「こう言われたら、こう切り返そう」と、**論理的かつ具体的なやり取りが見えてくる**のです。

ちなみに、最終的にイエスと言ってもらうための大切な心構えは、「**1回で突破しようと思わないこと**」です。

「サービス向上には朝礼が不可欠だと思うのですが、皆さんにご納得いただくためには、どのような情報が必要でしょうか」

相手に問いを投げかけつつ、正面切ってノーと言えないように外堀を埋めていきます。ときに**相手の提案を待つことで〝自分事〟にしてもらい、最終的に「協力するしかない」と思ってもらえたら成功**です。

かなりのエネルギーを使いました。でも、朝礼は必要だと信じていたので、押したり引いたりしながらゴーサインが出るまで粘りました。

「仕方がない」とオーケーを出してくれたマネージャーたちには、心から感謝しています。結果的には外部から講師をお招きし、毎日休まず継続できました。私一人が講師だったら、どんなに強い思いがあっても、週に数日はできない日があったと思います。

しかも、「この朝礼は自分たちでやるべき」という声がスタッフから出てくるまで、半年もかかりませんでした。**やる気スイッチがどんどん伝染していったのです。**

元々、みんなのなかに「サービス向上のために教育をするべき」「やりたい」という気持ちがあったのです。1年半、毎日講師を務めてくれた方に心から感謝すると同時に、それをしっかり引き継いで、今ではピューロランドの名物ともいわれる朝礼に育て上げたスタッフの心意気とスキルの高さに敬意を表したいと思います。

ちなみに今は、アトラクションやレストランなど、さまざまな部門の社員が交代で講師役を務めています。部署ごとに課題が違うので、現場で起きていることを直接共有する場には打ってつけです。いろいろな部署があって、みんなでピューロランドを作っているのだと体感できますし、朝礼の内容もバラエティ豊かになりました。

「やがてこれも、ひとつのコンテンツになる日が来る」

そう思って始めた朝礼が、短期間のうちに世間から注目していただけるようにもなりました。これはまさに、嬉しい〝想定外〟でした。

こう書いていくと、「常に成功している」ように聞こえるかもしれません。しかし私も、着任当初は一方的に意見を通そうとして失敗したこともありました。

社員やアルバイトの間でコンセプトを共有するには、わかりやすいスローガンを作ったほうがいい。そう思った私はパワーポイントでプレゼン資料を作り、マネージャー会議の席で、「これでやりましょう！」といきなり発表したのです。

一瞬で、場が凍りました。ドン引きとはまさにこのことです。

「やっちゃったかも……」

すぐに察しました。これは、私が一方的に決めることではなかったと。

「これはジャストアイデアです。今後、みんなで考えていきましょう」

しどろもどろになりながら、その場を切り抜けようと自ら幕を引きました。今、思い出しても恥ずかしいです。

こんな失敗もあって、その後は**どんなことでも一方的にアイデアを押し付けるのではなく、「どう思いますか？」と対話しながら物事を決めるように強く意識しています。**

今は、トップダウンの経営形態ではなく、ティール組織、ホラクラシー組織で、全員参加型の組織経営の時代です。まさに皆で考え、皆が経営思考を持ってこそ成長していける、と思っています。

朝礼は貴重なマーケティングの場でもある

朝礼については、現場スタッフからも反発の声が上がりました。何度言っても、なかなか参加してくれない部門もありました。

それでもいつしか全員が参加するようになったのは、現場での仕事を通じて、その必要性を痛感したからでしょう。

朝礼の効果は、実施したその日からすぐに出ました。

基本を教えるだけで、スタッフの立ち居振る舞いは明らかに変わりました。ゼロの状態だったものが、１になるわけです。まっすぐに立つだけでも、スタッフの印象がきちんとしたものになります。

朝礼に出ていないからクレームが起こる、ということもたびたび発生しました。

たとえば、朝礼でキャラクターグリーティングの時刻を伝えたにもかかわらず、お客様から「間違った時間を教えられたせいで会えなかった」と苦情が届いた場合。「朝礼で情報共有したはずなのに」と思ってスタッフに話を聞くと、朝礼に出ていなかったとわかるわけです。

こうした出来事が、本人や周囲にとって何よりの気づきであり、戒めになります。

スタッフ同士で仲良くなるのも、朝礼に出ている人たちのほうが圧倒的に早い。現場に溶け込んでいると思ったら、どうも朝礼で知り合ったらしい。そう気づいて渋々出てみたら、思ったよりも楽しいし、仲間もできる。何より、一日の始まりが笑顔になる。

最終的に、サービス部門のスタッフ全員が朝礼に出てくれるようになりました。そして、**朝礼を重ねるにつれて挨拶や会話が増え、バックヤードの雰囲気が明るくなっていった**のです。

朝礼は「スタッフに何かを教える」場。

そう思いきや、実は私を含め、社員が「スタッフから学ぶ」場としても重要な役割を果たしています。

アルバイトスタッフの多くが、若い高校生や大学生の女性です。ピューロランドがメインターゲットに据える、しかも現場を一番よく知る人たちが1日に300人近く集まるのです。彼ら、彼女らの間では今、何がはやっているのか。お客様からはどんなリクエストがあるのか。直接声を拾うことができる、最高のマーケティングの場といえます。

私は社員に、「**アルバイトスタッフは最強の潜在顧客です**」と伝えてきました。このことも、朝礼を前向きに受け止めてくれるきっかけになりました。「アルバイトさんの声は宝」なのです。

大きなトラブルを未然に回避するうえでも、朝礼は役に立ちます。毎日必ず顔を合わせていると、「あの子は最近、なんとなく元気がない」「雰囲気が変わった」など、スタッフの日々の変化に気づきやすくなるからです。

スタッフにとっても、部門が抱えている問題を気軽に相談したり、やりたいことを話したりできる場です。「このエリアは意外と寒いです」など、現場で悩んでいることや困っていることを、社員などに聞いてもらえます。そして、できることはなるべく早く対処する。そうすることで、「**声を上げることで、ピューロランドが良くなる**」という、前向きなサイクルが生まれます。

朝礼の内容報告は週に1回必ず、全社メールで流すようにしました。

1年くらい経った頃、施設管理の部署の社員から、「朝礼でこのテーマを取り上げたらどうですか」と声をかけられました。

全社共有メールには反応がなくても、実は関心を寄せてくれている人がいる。そうわかって、とても嬉しかったのを覚えています。

「対話フェス」でおじさんと女子を仲良く

ワークショップでピューロランドへの思いを引き出し、朝礼でサービス力を上げると同時に、アルバイトや社員の間の垣根を取り払う。

次のミッションは、部署の壁や立場の違いを越えて、自然なコミュニケーションが生まれる環境を作ることでした。

短期間で、一気にコミュニケーションを活性化できる方法は何か。

ピューロランドに赴任する前からさまざまな研修を手がけていたこともあり、対話力を上げるための取り組みは、他社の事例を含めいくつも見聞きしてきました。とはいえ、どの方法がマッチするかは、課題やメンバーの特性によります。

いろいろ考えて出した結論が、全員で話をし、共通の体験を持つ場づくりでした。

その名も「対話フェス」。開催場所は、ピューロランド1階にあるレストランです。テーマパークはシフト勤務なので、全員が一堂に会するのは困難です。そこで閉館後の時間を使って、3日間に分けて開催しました（12ページ写真）。

2014年9月、初めて対話フェスを開きました。

時間はおよそ90分。部署や立場を問わず、できるだけ多くの人と接することができるように工夫しました。

まずは簡単に自己紹介。

「○○部署の○○です。ピューロランドの好きなところは○○です」

それだけをお互いに言い合ったら、次の相手を探して、また自己紹介する。このワークをした後、違う部署の人同士でグループになってもらい、「ピューロランドの好きなところ」を模造紙に書いてもらいます。みんな楽しそう。レストランいっぱいに笑い声が響き、エネルギーが沸き上がってくるのを感じました。

対話フェスの一番の目的は、いろいろな人と直接、1対1で話をすることです。

「話しにくそうだな」

「苦手なタイプだな」

人は初対面の相手に対して、どうしても先入観を持ってしまいがちです。でも、1対1で向き合ってみると、「実は気さくなんだな」「楽しい人だな」などとわかり、一気に距離が縮まります。

一度そういう機会を持てば、次に会ったときも話をしやすくなります。挨拶したり、仕事の相談をしやすくなったりもします。**個人として向き合う時間を少し持つだけで、いろいろな壁を取り払えるのです。**

中高年の男性社員と若手の女性社員の間にあった壁は、この対話フェスでだいぶ払拭できたように見えました。

「怖いと思っていたけれど、実はキティちゃん好きだった」

「仕事に一生懸命で、部下に対する思いを熱く語っていた」

普段は見えない相手の芯の部分が伝わってきたりします。これは話してみないとわからないことです。

ほかの部署について知ることができる、というメリットもあります。

「みんなの力の結集でピューロランドは成り立っている」

視野が広がり「**みんなのために、自分も頑張ろう**」「**あの人がきれいにしてくれた場所だから丁寧に使おう**」と、連帯感や責任感が芽生えるのです。

対話フェスの意義は、これだけではありません。

実は、**初対面の人と一気にたくさん話すという体験を通じて、その場では話をしなかった社員との垣根も取り払いやすくなるのです。**

「イメージと違って話しやすかった」

「共通点があって楽しかった」

こうした経験を短時間のうちに何度も繰り返すと、**頭の中に「人は話してみないとわからない」という思考回路が生まれます。**

自転車に乗れるようになるときの感覚に、少し似ているかもしれません。一度自転車に乗れるとわかると、次からはもう怖くなくなるし、他の自転車にも乗れたりする。同じように、一度「話してみれば意外に大丈夫」とわかれば、初対面の人への先入観が和らいだり、話しかけてみたいと思えるようになったりするのです。

とはいえ、もちろん逆もあります。「話してみて、やっぱり合わないとわかった」とか。それはそうですよね。全員と波長が合う人などいませんから。

そんなときは、仕事だからと割り切っていいのです。親友になるわけでも、結婚するわけでもありません。相手との距離の取り方を工夫すればいいだけのこと。仕事上の付き合いだと割り切り、どうやったら仕事がうまく進むかに考えを巡らせることも、ときには必要です。

少なくとも、**相手と合わないことがわかっただけでも大きな進歩です。**次に仕事で一緒になったとき、物事がスムーズにいくよう気をつけようと思えます。何か言われても傷つかないように予防線を張ったり、冷静に話そうと心がけたりすることもできます。

相手の癖がわかれば、よりよいコミュニケーションの取り方が見えてくるのです。

「うちの会社は、社員同士のコミュニケーションが少ない」

そう思っているリーダーがいるとしたら、具体的な仕掛けを作って、コミュニケーションの場を定期的に設けることをお勧めします。

仕掛けは何でもいいのです。たとえばラジオ体操でもいい。「苗字が『あ』行の人は、月曜日の3時から会議室でラジオ体操します」というルールだけでも構いません。必然的にさまざまな部署や年齢、立場の人が集まって、同じことをする時間を設けるのです。

もし、「今、職場がギスギスしている」と感じたら、ゲーム要素を混ぜ込んだ、参加者が楽しめる対話の仕掛けをつくる。難しく考えず、お試しのつもりでぜひやってみてください。

挨拶だけで社内の雰囲気はぐっと良くなる

私がピューロランドに来た直後から、しつこいくらいに言い続けていることが2つあります。

ひとつは、前述した「やさしい話し方、あたたかな聴き方」。もうひとつが「アルバイトさんへの声かけ」です。

「**館内でアルバイトさんを見かけたら、『寒くない？』とか『お疲れ様』と、積極的に声をかけてください**」

管理職が集まる会議などでは、会の最後に出席者がひと言ずつ発言する流れがあります。そこで私は繰り返し、こうお願いしていました。いわば〝挨拶運動〟です。

私に得意分野があるとすれば、それは職場の環境改善やコミュニケーション、人材育成に関わること。だから、社内の挨拶を促し、雰囲気を良くすることは私の役目だと思っていました。

正社員と非正規など、雇用形態の違いによる壁を壊すには、こまめな声かけが何より大切です。特に立場が上の人こそ心がけるべきです。

ピューロランドの主なお客様は若い女性、いわゆるF1層です。高校生や大学生を中心としたアルバイトスタッフはまさに、ターゲット層のど真ん中。卒業・就職してからも、繰り返しピューロランドに足を運んでほしい人たちです。

そんなスタッフたちにとって、ピューロランドでアルバイトをしていたときの思い出が快くないものだったら、社会人になったときに「ピューロランドはひどかった」と言われてしまうかもしれません。ピューロランド自体の評判も下がります。

逆に、心温まる楽しい思い出や信頼できる仲間ができたら、卒業後もファンとしてピューロランドに来てくれるでしょう。家族ができたら子どもを連れて、ピューロランドで遊びたいと思ってもらえたら最高です。

もちろん、現場の社員にも挨拶運動をお願いしました。

「寒いけど、調子はどう？」

「今日はイベントが多くてバタバタしちゃうけど、頑張ろうね」

おかげさまで、徐々にアルバイトスタッフの表情が明るくなり、ピューロランド全体の風通しが良くなりました。今は社内外の人を問わず、廊下ですれ違うときは挨拶する文化が根付いています。中高年の男性社員とアルバイトスタッフが立ち話する姿も見かけるようになりました。

日々の小さな積み重ねが人の意識を変え、コミュニケーションを変え、風土を変えるのです。


そのことを実感した、嬉しい出来事がありました。

「**アルバイトさんをおもてなしするイベントをやりたいです**」

２０１７年のこと。アルバイトスタッフの管理や教育を担当する運営部の社員から、こんな声が上がってきたのです。

社員が挨拶運動に協力してくれるようになり、アルバイトスタッフへの気遣いは習慣になりました。でも、感謝を具体的な形にするには結構な予算がかかります。そんな内部事情もあって、それまで「ありがとう」を示す機会がなかったのです。

私がピューロランドに来てから約3年。みんなの頑張りが実って、ピューロランドの経営はV字回復基調を見せていました。

営業部の施策が功を奏し、プロモーションはターゲットに合うウェブ広告を的確に打てている。大人向けのイベントや、アパレルブランドのバーゲンといった新たなコンテンツも、軒並み当たるようになりました。懸念だったオリジナルグッズも、ショーやイベントに合っています。フードメニューも、キャラクター色があってインスタ映えし、しかもおいしいメニューがたくさん。

結果、単月で黒字も出るようになり、みんなの気持ちは挑戦するマインドへと、どんどん変化していました。

今なら、感謝の気持ちを目に見える形で示せそうです。

「素敵な提案をありがとう。ぜひやりましょう」

その年の9月。閉館後のピューロランドで、アルバイトスタッフのための貸し切りイベント「サンリオピューロランド　スタッフサンクスデー」（13ページ写真）を開催しました。当日は約５００人のアルバイトが集い、キャラクターと写真を撮ったりアトラクションを楽しんだりと、お客様としてピューロランドを楽しんでもらいました。

私はこの日、普段は着ることのないスタッフコスチュームを着て、キャラクターと一緒にみんなをお出迎えしました。50代の男性役員も、この日はおもてなしする立場。みんな最初は渋っていましたが、案外楽しそうに付き合ってくれました。そのとき撮った写真を見ると、満面の笑顔！

風船やガーランドでデコレーションした特製ケーキを一人ひとりに手渡しながら、みんなの様子を観察しました。スタッフのなかでどの社員が人気なのか、誰がスタッフのロールモデルになっているのかなど、いろいろなことが見えて面白いのです。

なかには、「一緒に写真を撮ってください！」とお願いされる社員もいました。こんな素敵な場を自発的に企画し、アルバイトスタッフに心から感謝の気持ちを持っている社員たちの連携に感動しました。

最後はアルバイトスタッフと現場の社員、ダンサーさんたち、そして私たち役員で記念撮影をしました。笑顔、笑顔、また笑顔。

「みんななかよく」

サンリオの理念がピューロランド全体に浸透している、と実感した瞬間でした。

「コンセプト会議」で組織に横串を刺す

「組織の課題は何か」

「そのために、誰と誰の間にある壁を壊したいか」

コミュニケーションの仕組みをつくるときは、この点をよく考える必要があります。

部署間での意思疎通や情報共有不足を解消するにはどうするか。

出した答えは、「コンセプト会議で、組織全体に横串を通す」ことでした。正解かどうかはわかりませんでしたが、やってみることが大切だと思ったのです。

ピューロランドに視察に訪れたときから、部署間の連携が足りないことは明らかでした。

たとえば、秋の期間限定ショーのメインカラーはオレンジなのに、限定グッズの色はピンク。レストランのメニューも、シーズンイベントとの連動性が感じられない。館内にある案内表示も、色やデザイン、使っている文字のフォントがバラバラ。テーマパークなのに、誰に、何を伝えようとしているのかわからない状態でした。

そんな状況を打開するために始めたのが、２０１６年秋から導入している、部署横断型のコンセプト会議です。

ピューロランドのオリジナル商品や飲食メニューの開発などを手がける販売部、ショーやイベントの企画やプロデュースをする企画・制作部、プロモーション施策を手がける営業部、お客様に楽しんでいただく現場を運営する運営部など、各部署から担当者に参加してもらいます。

このメンバーで、ショーやイベントのコンセプトを決めます。方向性からターゲット、テーマ、キーワード、スケジュールにプロモーションイメージ。大枠を固めていきます。

その後、決まった内容をわかりやすく共有できるように、コンセプトビジュアルを作ります。ピューロランドではショーやグッズ、メニューなど、最終的には目に見える形に仕上げる必要があります。こういうときは**言葉で伝えるより、ビジュアルで示したほうが方向性のズレを防げます。**

コンセプトビジュアルができたら、各部署の社員がディスカッションを通じて具体化していきます。こんなふうに、**共通のコンセプトから一本の流れを作っていくわけです。**

この会議を導入してからイベントの世界観を共有できるようになり、部署間のズレはほぼなくなりました。テーマパークとして、メッセージをわかりやすくお客様にお伝えできるようになったと思います。

各部署のメンバーが一緒に会議をすることで、思いがけないメリットもありました。
「マーケティングデータは、思っていた以上に必要だね」
「商品を作るには、こんなに時間がかかるのか。素材によって、注意すべきポイントが違うね」

他の部署の仕事の大変さや、ありがたみを感じるきっかけになったのです。お互いの苦労が伝わってくると、「自分たちも頑張ろう」と士気が高まります。

ちなみに、この会議でも「相手の意見や価値観を否定しない」をルールにしていました。初めは他部署に口出しするのをためらっていた社員たちも、少しずつ部門の垣根を越えて、自由に意見を出し合うようになっていきました。

話せばみんな、わかるのです。でも、話す機会がなかったから、「なんとなく話しにくい」「意見すると失礼かも」と思い込んで、口にするのをためらっていただけでした。

みんなが自分に課してきた枠を取り払い、内側にあるたくさんの思いとアイデアを引き出すことが、ピューロランドにとって喫緊の課題だったのです。

「期間限定」「お試し」と言えば反対されない

「新しいことをやりたいけれど、社内の反発が強くて……」

そんな悩みをときどき耳にします。

私にもわかります。何か始めるときは、多少なりとも社内で軋轢が生まれますよね。

コンセプト会議を導入するときもそうでした。

「**横串？　そんなことができればいいですけどね。なかなか難しいですよ**」

ブレーキをかけられてしまいそうな発言もありました。

こんなとき心掛けているのは「**こそっとやる**」**こと。**「これ、ちょっとやってみたいんですけど」と、さりげなく提案します。

使えるキーワードは「**期間限定**」**や**「**お試し**」。大上段に構えず、「実験させてください」という姿勢で入るのです。「あなたの意見もわかります。でも、ちょっと実験させてもらえませんか」という言い方なら相手を否定せずに済みますし、実験やお試しにノーと言う人はまずいません。

こう促します。「コンセプトをみんなで決める会議が必要ですよね」とやってしまうと、「それなら他の会議のなかで話し合えばいいじゃないか」となることが目に見えていますから。

「会議の数が増えて大変だったら、いずれ他の会議に吸収すればいいよね。出席者を変えるのもアリだよね。とりあえず、まずはやってみよう」

逆に、**絶対にやらないのは「改革」という旗を振ること。**

改革という言葉は聞き手に、現状を否定しているという印象を与えてしまいます。「働き方改革」もそうですが、言葉に具体性が乏しいので、現場は「どうすればいいの？」と戸惑ったり、かえって反発を招いたりしかねないので要注意だと思っています。

何か相談したいときは必ず、自分から相手のところに出向きます。

コンセプト会議導入のときは、企画・制作部を束ねている部長に直接、話をしに行きました。

「みんな忙しいなか申し訳ないけれど、部署横断型の会議をひとつだけやってみてもいいですか？」

ご相談がありますという感じではなく、あくまで「やってみたほうがいいと思うのですが、どうでしょう？」という提案スタイル。相談しながら決めたい、という姿勢を伝えます。

ほかによく使うのが、**会議の後の「ちょっと、ちょっと」。**

「ちょっと何か言いたいことがあったんだけど、何だったかな……。あ、思い出した。ひとつ相談があるんだけど」

こんな具合です。会議で相手の顔を見ると言うべきことを思い出すという、私の癖でもあるのですが、会議後は何かと声をかけやすいのです。

たとえばメールで「話があるので時間をください」と連絡したりすると、相手は身構えてしまいがちです。会議の後などにさりげなく声をかけておいて、じっくり話す必要があれば時間を取ってもらうほうがベターだと私は思います。

ワンクッションはさんでおく。スムーズに提案する秘訣のひとつです。

男性脳には「数値化」が効く

社内を説得するときに忘れてはいけないのが、**相手が理解しやすい言語に翻訳して伝えること**です。

相手が男性なら、それは多くの場合「数字」です。

就任当初、私は数値化が苦手でした。社内起業して社長を務めたこともありましたが、利益を追う組織ではなかったこともあって、売り上げなどには無頓着なほうでした。

しかし、初めてピューロランドの経営会議に参加したとき、「これではいけない」と痛感しました。会議では当たり前ですが数字が飛び交っていて、私の頭にはすんなり入ってこなかった。苦手意識がかなりありました。

「その効果は、どんな数字に表れるのですか」

新しいことを提案すると大抵、こう聞かれます。ここで「数字云々（うんぬん）より、とにかくやったほうがいいんです」とごり押しするより、「顧客満足度のデータが示しているように、この取り組みは続けたほうがいいです」と伝えたほうが、相手には理解しやすいと悟りました。

経営に携わる身として、まずは財務諸表を早急に読みこなせるようにならなくては。すぐに簿記を習いました。これはもはや私の性格ですが、勉強すればするほど、知れば知るほど数字が楽しくなっていきました。数字的な裏付けがあると、自信を持って行動することができます。

何かの施策を打つと、結果は必ず数字に表れます。新たな取り組みの成果が目に見えて現れれば、より勢いを加速させることもできます。会計士の友人が教えてくれました。

「数字はブレーキだと思っている人が多いけれど、よくわかってくるとアクセルなんだよ」と。

「面倒くさい」「苦手だ」。そう思っていた数値化の作業は、自分を助けてくれる大切なものだった。こうわかって以来、数値化はもう怖くありません。

廊下ですれ違いざまに「2行メッセージ」を送る

普段何気なく歩いている廊下。

社員との距離を縮めるために、私はこのスペースをフル活用しています。

廊下に立っていると、たくさんの社員に会えます。待ち構えているわけではありませんが、顔を合わせれば自然と会話が生まれます。

「どう？」

声をかけるときに使う定番フレーズです。「どう？」という言葉には「最近の仕事はどう？」や「体調はどう？」など、いろいろな意味が含まれます。**相手が抱えているモヤモヤや、私に伝えたいことを引き出せる魔法の2文字です。**

廊下トークは、前に話したことのフォローアップにも効果的です。「この前あんなこと言ったけど、大丈夫だった？」と聞いたりします。何かあれば言ってもらえるし、私も安心できます。

あえて毒を吐いてもらうこともあります。

人間、ときには愚痴を言うことも絶対に必要です。心のなかに溜まった毒は、そのままにしておくと腐ってしまいます。そして、心身を蝕んでいきます。

私はあえて「今日は毒を吐いていいよ」と宣言することがあります。そうするとみんな、ここぞとばかりにだーっと毒を吐いてくれます。

「こんなことを言ってすみません」

毒を出し切ったあとで謝られることもありますが、「いいの、いいの。毒吐かないと死んじゃうから」。ネガティブな気持ちは誰にでも沸き起こるものです。真面目に仕事をしている人ほど、いろんなことにぶつかります。

そんなときは、時間と場所を決めて吐き出す。仕事を続けるうえで大事なことです。もちろん、私も毒を吐くときはあります。言う相手と場所は選びますが、私だって、心に溜めているばかりでは病んでしまうから。

コツは、**毒を吐くと決めたら相手に「今から毒吐きます！」と宣言する**こと。そして、相手にも毒を吐いてもらうこと。「いつ、どこで」を決めるとモヤモヤとした感情が減って、それ以外の時間をスッキリとした気分で過ごしやすくなります。

改めて振り返ってみると、毎日がコミュニケーションだらけです。

こんな話をすると「無理しているのでは」と思われるかもしれませんが、「せっかくすれ違ったのに、声を交わさないほうが不自然じゃないかな」と思うのです。

もちろん、時間に追われて話ができないときもあります。でも、「昨日は遅くまでイベント大変だったね。お疲れさま」と言葉を交わすだけでも、お互いの距離はぐっと縮まります。しかも、言葉にするとたった2フレーズ。時間にして5秒くらいです。声をかけないほうがもったいないな、と私は感じるのです。

バックヤードでも、しょっちゅう立ち話をしています。

思えば着任した直後から、あらゆる場所に出向いていました。駐車場、レストランの厨房、施設管理室。どんな社員が、どんな場所で、どんな表情で仕事しているのか知りたいし、できるだけ多くの人と話がしたいからです。

自分からみんなが働いている現場に行き、懐に飛び込んでいく。そのほうが本音でコミュニケーションしやすくなります。日頃からおしゃべりしていると、いざ何か相談したり、お願いしたりするときもスムーズです。

言葉によるコミュニケーションは低コスト・高パフォーマンスの、ビジネスシーンに欠かせないツールです。必要なのは、ちょっとした好奇心と心がけだけ。

ほんの少しのやり取りが、自分にも、相手にとっても居心地のいい職場を作るのです。

コミュニケーションの話でいうと、毎年バレンタインとホワイトデーの季節に全社員宛にカードを作り、手書きのメッセージとスモールギフトを贈ってきました。

カードは1週間くらい前から少しずつ書き始めます。全部で200枚くらい。一人ひとり、顔を思い浮かべながらカードを選び、メッセージを綴っていきます。2フレーズくらいの簡単な内容ですが、ひと言二言に、感謝と期待を込めます。

名前を書くだけで、その人にまつわるエピソードが思い浮かびます。とはいえ接点が少ない人の場合には、書くべきことがなかなか思い浮かばないことも。そんなときは、スタッフが働く現場に会いに行ったりしますが、この**ささやかな行事を通して、自分の一年間のコミュニケーションを振り返る作業にもなっている**ことに気づきました。

ただ、少し反省もあります。スモールギフトとはいえ、受け取ったスタッフはお返しを考えてくれます。嬉しいことではありますが、一方で「負担をかけてしまっているな」とも思い始めました。

そこで、今後は新たな形でコミュニケーション行事をつくろうと考えています。社員の誕生日に、お祝いの気持ちを「15分コーチング」という形で伝えるのです。

サンリオはもともと、辻社長の「お誕生日は素晴らしいもの。お祝いし合う文化を作りたい」という思いが創業の原点です。私も心からそう思っています。

そんな大切な日に、**私が用意したさまざまな角度からの質問に答えていくことで、スタッフの中に眠っている「何かの可能性」を引き出せたら。**可能性の種はきっと、本人にとって、そして会社にも素敵な花を咲かせることになるのでは。

そう思うととても楽しみで、ワクワクが止まりません。

「バックヤードこそテーマパークに！」

「スタッフ用トイレをきれいにしたことが、職場改善のきっかけになったそうですね」

最近、外部の方からこう聞かれることが増えました。

確かに、バックヤードの女性用トイレをかわいくしたことは、この5年で社内に最も強烈なインパクトをもたらしたことのひとつでした。

改修前のトイレに初めて入ったときの衝撃は、いまだに忘れられません。

暗い照明。床には小さなタイルが張り巡らされ、洗面台のボウルや鏡にはヒビが入っていました。個室の扉はささくれ立ったり、表面が剥げかかったり。便器は和式が中心で、洋式は便座が冷たく、心も冷え切るありさまでした。

トイレは女性社員にとって、とても大切な場所です。トイレがきれいで心地よければ、ほっと一息つくことができます。逆にトイレが汚かったり暗かったりすると、トイレを使うたびに心がすさんでいきます。

「このままでは絶対にダメだ」と思いました。

女性スタッフたちはきっと、相当な我慢をしているに違いありません。どんなにお客様のエリアをかわいくして、館内では笑顔で振舞っていても、休憩時間にトイレに入るとすさんだ気持ちになるなんて、あってはならないことです。

しかもバックヤードのトイレは、イベントに訪れたアーティストやタレントさんも使う場所です。

「松田聖子さんに使ってもらっても恥ずかしくないトイレにしよう！」

とはいえ、当時は赤字です。予算がないのはわかっています。

止むを得ず、当初はポケットマネーでトイレの便座だけでも替えようと考えました。

12器ある便器のうち10器をウォシュレット付きの洋式便座にした場合、1器あたり30万円と仮定して、10器でトータル300万円くらい——？　何とかなるかもしれない。すでに心は動き出していました。

いても立ってもいられず、すぐに担当部署のスタッフに頼んで、専門業者に「豪華バージョン」「普通バージョン」「最低限の修繕で済ませたバージョン」、いわゆる松竹梅の3案で見積もりを出してもらいました。

・松＝椅子付き化粧台もある、リッチなトイレ空間。工事費用は1000万円以上。
・竹＝洗面台、鏡、トイレの扉、床、壁紙、便器を替えて、扉にはキャラクターのモチーフを配置。現在のスタイル。約800万円。
・梅＝壁紙を張り替え、ウォシュレットが付いた便器を導入したコスパモデル。約300万円。

この見積もりを持って、サンリオ本社の辻社長に直訴に行きました。

「女性にとって、トイレはとても大切な場所です。修繕費は私のポケットマネーから出

してもいいので、スタッフのトイレだけはどうしても直させてください」

すると社長は、「それはいいね、支払いは僕が出しましょう」と言ってくれました。マネージャー会議でも同じように訴えました。もはや止められないと判断したのでしょう。最終的に「個人に出させるわけにいかない」と、経理を担当している部長が渋々オーケーを出してくれました。振り返ると、予算外で計画の狂うことをお願いして申し訳なかったと思います。そして、あらためて感謝しています。

ピューロランドに着任して約2年後の2016年春、ついにトイレをリニューアルしました。

正直、スタッフの士気を高めるうえでここまで効果てき面だとは思いませんでした。社員やアルバイトスタッフからは、そんな声が聞こえてきました。何より「会社は自分たちのことを考えてくれている」と感じてくれたことが大きかった。**「ピューロランドは、バックヤードにお金を使えるようになったんだ」**

トイレがきれいになったことで、そこで繰り広げられる会話の内容も変わりました。

着任当時、私はそのトイレがあるフロアで仕事をしていました。聞き耳を立てているわけではないのですが、個室に入っていると否応なしに、スタッフ同士のやり取りが聞こえてきます。まさか私がいるとは思わない社員たちは、口々に会社の悪口や部署の悪口を言い合っていました。みんなの心がすさんでいることが、よくわかりました。

トイレがきれいになってからは、ネガティブな会話が激減しました。前向きな声かけや楽しい話題が増えました。打ち合わせでいらした取引先の方からも、「なんだか前向きな雰囲気になったね」と言っていただけるようになったのです。

費用対効果を測ることはできませんが、スタッフのモチベーションアップにはかなり寄与したと思います。女子トイレについては、私のような女性管理職がピューロランドに来てよかったのかもしれません。

ちなみに、「せっかくなら」ということで、懸案だったバックヤードの壁紙もキャラクター入りのかわいいものに張り替えました。

「バックヤードこそテーマパークに」

そう話してくれた部長がいましたが、私も同感です。

目に見える形で施設を良くすることは、会社の空気を変えたいときはとても有効です。

「いい方向に向かおうとしているんだ」「これからますます変わるんだ」というメッセー

ジシンボルになってくれます。

トイレの落書きは、心の叫びを表すサイン

そして、トイレを巡る〝事件〟をきっかけに、思いがけず社員に一体感が生まれることにもなったのです。

それは、女子トイレをリニューアルして間もない頃のことでした。

清掃を担当している女性スタッフから、「左から4番目の個室の壁に、いたずら書きがあります」との連絡が入りました。

お恥ずかしい話ですが、以前のトイレは壁や扉など、至るところ落書きだらけでした。新たに書き加えられようが誰も気づかない状態で、そのまま放置されていました。

落書きひとつないきれいなトイレになったことだし、心機一転、みんなで頑張っていこう。そんな矢先に、変化の象徴ともいえる場所に罵り(ののし)言葉が書き込まれたのです。

その日の落書きはすぐ、清掃スタッフが消してくれました。しかし、次の日もまた落書きが見つかりました。

落書きはスタッフの心情の表れ。消してもなお落書きをしたくなるくらい、組織にネガティブな感情を抱いている人がいる。私たちはきちんと受け止めなくてはいけない。

犯人を捜すためではなく、自戒の念を込めて落書きをスマホで撮影し、イントラネット上で共有しました。なぜ、こんなことが起きているのか。背景にはどんな不満があるのか。人事担当のスタッフたちと検証したところ、社内での軋轢や待遇面の問題など、さまざまな課題が見えてきました。

「**私たちが大切にしたいトイレに、いたずら書きをされた**」

このことは社内でも、ショックな出来事として受け止められました。

誇らしいトイレに、あえて落書きをする人がいた。がっかりしたのと同時に、スタッフのなかにプライドが湧き上がるのを感じました。

そして、ネガティブなことにどう対処するかを、社員やアルバイトと一緒に考える機会になったのです。

「この出来事の意味は何か」

「そもそもなぜ、こんなことをしてしまったのか」

とても残念な出来事ではありましたが、今のピューロランドが抱えている痛みを、みんなで真摯に受け止めることができました。社員は忘れているかもしれませんが、私には、スタッフの心の声に関心を寄せ、聴く耳を持つことの大切さを改めて痛感した出来事でした。

いたずら書きはサインです。スタッフの心や組織の状態を表すサイン。

女子トイレの壁をきれいにしただけで、ピューロランド内にあるさまざまなメッセージや課題が浮かび上がってきたのでした。

「いつでも遠慮なくメールを送ってください」

必要なときには、いつでも声をかけてほしい。

そんな思いから、私は社員からの直メールをウェルカムにしています。

「みなさんが日々、何を感じ、どんなことを考えているのか知りたいので、何かあれば遠慮せずにメールしてください」

着任直後、私は職場のメンバー全員にこう宣言しました。

「それはさすがに、やめたほうがいいんじゃないですか」

すぐさま、ある取締役から「小巻さんはなんでもやってくれるって、みんな期待しますよ」と、心配する言葉をいただきました。

希望をすべて叶えられるわけではないし、なんでもやりますと言うつもりは毛頭ありません。ただ、みんなが直面していることを教えてもらいたいのです。

個人的に届くメールの数は、業務連絡などを除いて年間20通ほど。今のところ、すべて女性からです。

「上司との人間関係に悩んでいます。私も悪いと思うのですが、ついこんなことを言ってしまって……」

「仕事と出産のタイミングはどう考えればいいですか」

内容はさまざま。仕事のこともあれば、体調のこと、今後のキャリアのこともあります。私は乳がんを患ったことがあるので、「うちのお母さんががんになって……」など、家族に関する相談も来ます。誹謗中傷や告げ口は、今のところ一つもありません。

届いたメールにはすべて返信します。

何度も推敲した痕跡が行間に滲み出ているメールに、生半可な返事はできません。私なりにじっくり考えて、言葉を選びながら返事を書きます。

「メールをくれてありがとう。私はこう思う。でも、これはあくまでも私のアイデアだから、最終的には、今のあなたが納得する方法を選んだらいいと思う」

「こんなふうに物事を捉えられたこと自体がすごいね」

心がけているのは、承認のメッセージをきちんと伝えること。メールの最後は、「教えてくれてありがとう」「伝えるには勇気が要ったと思うのに、送信ボタンを押してくれてありがとう」と、感謝の言葉で締めくくります。

「メールでは埒が明かないな」と思ったら、相手のところに行って直接話をします。日を改めて、会議室でじっくり話を聴くこともあります。

直メールの内容は個人的なものが大半ですが、ときどき「**この会社で働き続けていいのか悩みます**」というメールをもらうこともあります。

アドバイスを求められたとき、私は「こうしなさい」と断言はしません。「**とりあえず、今の自分の気持ちを大事にしたら？**」と伝えます。

なぜなら絶対的な正解なんてないし、自分の気持ちも行動も、その時々で変わります。人間、それでいいのです。

だから「自分の本心はどれだろう」と考えるより、とりあえずこうしようと決めて、一歩進んでみる。そうしている間にも、自分の気持ちや周囲の状況は変わります。進んでいるうちに「やっぱり違うな」と思ったら、そこで軌道修正すればいい。

想定外のことが起こるのが人生なのですから。

ミッションはみんなの「お母さん」役になること

「小巻さんのビジョンを教えてください」

私のメールボックスには、こんな質問が届くこともあります。

「**みんなのお母さんになります**」

ピューロランドに着任したとき、私は管理職が集まる会議でこう宣言しました。

私のビジョンははっきりしています。お母さん役として、みんなの成長を促すこと。そのために、みんなが自分や組織にはめてきた枠を外しまくること。

これが私の、ピューロランドでのビジョンです。

お母さんというのは同時に、子どもや家族と、社会との関わりをはぐくむ存在でもあります。

例えば新入社員がいて、「こんな商品を企画したら面白そう」と思っているとします。でも、ひとりでは実現できません。そんなとき、他の部署の社員や上司と連携できれば、「こうしたらいいんじゃない？」「それは無理だよ。なぜなら……」と、さまざまな意見交換や学びが生まれます。それを後押しするのは、お母さんの仕事の一つです。

外部との関係性構築もそうです。

ピューロランドの人たちが外部環境から置いてきぼりにならないように、お母さん役である私にはいろいろな業界や立場の人たちとつながりを持ち、社員やアルバイトの仕事に結びつけることが求められるのです。

しかし、はぐくむといっても「私が育ててあげる」という感覚ではありません。

「子育ては親育て」といいます。実際に、私は3人の息子を育てるなかで、少しずつ母親にしてもらえたと思っています。息子たちとの日々の暮らしが、「お母さん」へと成長させてくれたのです。

ピューロランドでも同じです。

私はスーパーリーダーではありません。できないこと、わからないことなんてたくさんあります。みんなを一方的に「育ててあげよう」とか、自分だけが汗をかいて、みんなを変えようなどという考えはありません。

職場では上司と部下、お互いがはぐくみ合う存在なのです。

相手の荷物を背負いすぎてはいけない

「嫌われるのが怖い」という人がいます。

私は、嫌われることは怖くありません。なぜなら、相手の感情をコントロールすることはできないから。

昔は違いました。

おせっかいを焼きすぎた時期もあったし、自分が良かれと思うことを他人に押し付けた時期もすごく長かった。化粧品の販売をしている頃は、嫌われたくなくて人一倍、八方美人なところがありました。

それらの経験から学んだのです。**どんなに良かれと思っても、私の良かれはその人にとっていいとは限らない**、ということを。

仕事も私生活もそう。どんなに好かれたいと思っても、嫌われることはあります。逆に、嫌われてもいいと思っていても、すごく慕ってもらえる場合もあります。

人からどう思われるかがコントロール不可能だというのは、これまでの人生で経験済みです。だから、「これを言ったら嫌われるからやめておこう」という考えは、私にはありません。

とはいえ、言い方には気をつけます。仕事上のやりとりにおいては、どうしたらピューロランドが良くなるか、相手も自分も成長できるかを念頭に置いて、伝える内容や話し方を考えます。

50歳を過ぎた男性役員もいるなか、おこがましいと思いつつも、「やり取りを通して成長してもらえたら」という点にはこだわります。だからこそ、今まで気づかなかった点に目を向けてもらえたり、変わってきているのを感じたりすると本当に嬉しい。

「自分はもう変わらない」

そう思い込んでいる人はたくさんいます。そして、「あの人は変わらないですよ」などと決めつけている人も。でも、そんなことは決してありません。

ほんの少しのハードルを越える瞬間は、誰にでも、いくつになっても訪れます。自分自身も含めて、人には無限の可能性があると信じています。

そして、忘れてはならないことが一つ。

可能性を広げるためには、必要以上に他人の荷物を背負おうとしてはいけません。

その人には成長する力があると信じる。過保護にしない。**相手のためを思うなら、苦労や努力を代わりにやってあげてはいけないのです。**

教育心理学における心理的行動のひとつに、「ピグマリオン効果」があります。

簡単に言うと、「あの人はダメだ」「あの人にはできない」と思っていると、本当にその人はダメになってしまう。「転ぶ、転ぶ」と思っていると、本当に転ぶ確率が高まるというものです。

そのことを示した実験結果があります。

年度の初めに、学級担任に無作為に選んだ生徒の名簿を見せて、「この子たちは今後、数カ月の間に成績が伸びますよ」と伝えます。すると、名簿に載っていた子どもは実際に成績が伸びたというのです。学級担任が期待を込めて子どもたちに接したこと。それを受けて、子どもたちも期待に応えようと取り組んだ結果だろうと分析されています。

ここから言えるのは、できると信じることが本人の成長につながるということです。

この研究結果を知ってから、子どもや部下に、「できないんじゃないか」と思いながら手を差し伸べてはいけないと考えるようになりました。

ピューロランドは絶対に良くなる。黒字化できる。こう信じて関わるのと、「どんなに頑張っても黒字化は無理」と思って関わるのとでは、伝わるエネルギーが全然違います。

お母さん役なのですから、本人以上に、誰よりも可能性を信じていないと。

みんな大丈夫、絶対に大丈夫。自分で乗り越える力がある。

安易に手を貸すのではなく「立ち上がる力がある」と信じて見守る。失敗したり壁にぶち当たったりしていても、「いい経験をしている」と思って、待ってあげる。

もちろん、自分の立場として必要なことはします。ある程度のお膳立てはしますし、仕掛けも作ります。

でも、悩んだり、壁にぶつかったりすることで人は成長します。成長の機会を他人が奪ってはいけないのです。

そう考えられるようになったら気持ちが楽になったし、社員もアルバイトも、見守ることが楽しくなりました。

COLUMN

「自分となかよく」するための毎日の習慣①

バッハの音楽で集中モードに切り替える

自分で言うのもなんですが、集中力はかなりあるほうです。若い頃はそうでもなかったと思いますが、大学院の受験で鍛えられました。

集中モードに切り替えるときは、音楽の力を借ります。私がよく聞くのはバッハのCD。原稿を書くときや、ワークショップのプログラムを作るときに活用します。

自宅ではスピーカーで部屋全体に流していますが、会社で自分の作業に集中したいときはイヤホンで聞いています。

集中力を高めるには、物事の優先順位をつけたうえで、限られた時間内で自分を追い込むクセをつけることも大切です。

仕事柄、やるべきことはたくさんあります。しかし会議が長引いてしまい、予定していた作業時間が取れなくなってしまうことも日常茶飯事です。そんなときは、残りの時間でやるべきことを絞り込み、一気に仕上げます。

「5分で何ができるか」も、よく考えます。家事ならシャツ一枚アイロンをかけられるし、料理も1品くらいは作れる。勉強なら、5分あれば単語を10個覚えられます。10分かかると思っていたことを5分でやってみる習慣を身につけると、集中力が鍛えられ、仕事も暮らしも効率が上がります。

ただし、そこまで集中したいと思えるかどうかは人によります。無理することはありませんよ!（笑）

スタッフの「隠し撮り」でやる気を出す

私のスマホには、社員や現場スタッフの隠し撮り写真がたくさん入っています。撮られる側は、そのことに気づいていないと思いますが（笑）。

スタッフ一人ひとり、素晴らしい発想やスキルを持っています。そして、働いているときの笑顔や真剣な眼差しは本当に素敵です。

パークリーンと呼ばれる清掃担当の部門があります。この部門のアルバイトの中に、「コミュニケーションが苦手」と言っている人がいました。

とはいえ、裏方仕事ばかりかというと、そうでもありません。たとえば、誰かが通路の真ん中にポップコーンをこぼしてしまったときは、お客様がたくさん通るなかで掃除をします。

子どもたちはスタッフを見ると、作業中であろうが平気で話しかけてきます。

「お姉ちゃん、ここにシール貼って！」

そんなとき、ちゃんと同じ目線の高さになるようにしゃがんで、子どもが首からかけているカードにシールを貼ってあげていたりする。そんな姿を見ると、「このスタッフは今、自分のなかにあるハードルを大きく越えたな」と思って、ぐっときます。

天井に取り付けた照明器具の掃除をしている、若い女性スタッフの横顔。それを見守っているチームメンバーの、愛情深い眼差し。お客様がレジで行列しているなか、普段はおっとりしているショップのスタッフがてきぱきと顧客対応している姿も。「いつもの自分」を越えて頑張っているなと思うと、感動するのです。

そんな光景を目にするとつい、写真を撮ってしまいます。笑顔が素敵だな。真剣な眼差しが素敵だな。格好いいな。隠し撮りした画像を後から見返して、ひとりニヤニヤしています。

仕事でちょっと疲れているとき、みんなの笑顔の写真を見ると泣きそうになります。

「私も頑張ろう」

これだけで、モチベーションが一気に上がるのです。

悩んだら「三日坊主でもやってみる」

人生は選択の連続です。誰だって、悩むことはたくさんあります。

特に仕事に関しては、思いがけないカードを渡されることがあります。そんなとき、「できるかな」「どうしようかな」と、頭で考えてしまいがちです。

もし私がアドバイスを求められたら、答えはシンプルです。「悩む時点で、やったほうがいい」。悩んでいるイコール、答えはイエスだからです。

悩むまでもなく「絶対に無理」なこと、ありますよね。私はコンピューター系の仕事をやれと言われても、絶対に無理です。「無理です」と、はっきり言います。

でも、悩んでいるうちはノーじゃない。試しにやってみる価値は大いにあります。

新しいことを始めるときは「お試し」「期間限定」という言葉を使うと書きました。

自分自身についても同じです。まずはお試しでやってみる。三日坊主でもいいのです。やってみて明らかに拒絶反応が出たり、どうにも合わないと思ったりしたらやめればいい。「自分には合わなかったな」とわかるだけでも価値がありますから。

そして、やると決めたら103%くらい頑張ることです。ふてくされながらやるより、そのほうが断然、自分自身も気持ちがいいから。

こうやって過ごしていったら、後から人生を振り返ったとき、「自分が歩んできた道に後悔はない」と言えるようになるのかな、と思います。

第3章

人生は「想定外」でできている

「小さな贈り物」が大好きだった

物心ついた頃から、ちょっとしたものを人にあげるのが好きな子どもでした。

たとえば幼稚園に通っていた頃。「行ってきます」と自宅を出て、園に向かう途中で引き返し、道端に咲いていたタンポポをつんで担任の先生にプレゼントしていました。

お遊戯会や卒園式では、園児代表を仰せつかることが多い子どもでした。園長室に呼ばれたときは必ず、折り紙で作ったものを持って行ったりしていました。

人が喜ぶ姿を見たい。その思いが人一倍強かったのかもしれません。

1959年、東京都港区に生まれました。サンリオが誕生するのは、この翌年。なので「幼いころからサンリオのファンだった」というわけではありません。

ただ、今になって思うと、サンリオの理念につながるエピソードがいくつかあります。

サンリオの企業理念は「Small Gift Big Smile」。「ほんの小さな贈り物が、大きな友情を育てる」というものです。

私は**プレゼントをあげるのはもちろん、選ぶのも大好きでした。**

小学生のときのことです。当時、私は東京・赤坂にある小学校に通っていました。都会の真ん中に位置する学校だけに、各学年1クラスしかありません。同級生は約30人。6年間ずっと同じ教室で学びます。当然、クラス全員の誕生日を覚えていきます。

毎月、一ツ木通りの角にある雑貨店で誕生日プレゼントを買うのは、小学生の私にとって何よりの楽しみでした。

贈り物には必ずカードを添えていました。どちらかというと、私にはギフトよりもカードのほうが大切でした。海外のグリーティングカードは子どもの目にも美しかったし、メッセージを伝えることに意味があると思っていたのです。この点も、ちょっとしたギフトで「ありがとう」「ごめんね」を伝えようというサンリオの理念に重なります。

とはいえ、まだ小学生です。お小遣いは1カ月500円。ちょっとしたものを買うだけで、300円くらいかかります。

特に困ったのは5月です。なぜなら、クラスには5月生まれの友だちが3人いました。全員にプレゼントとカードを買うには、お小遣いが足りません。

でも、どうしてもプレゼントしたい……。

小銭を握りしめながら店頭で固まっていたら、店員さんが声をかけてくれました。

「どうしたの？」

「プレゼントにカードをつけたいけど、お小遣いが少し足りないんです」

笑顔で話しかけてくれたお姉さんに、私はこう打ち明けました。すると、店員さんは20円おまけしてくれたのです。

「これで3人にプレゼントできる！」

嬉しかったのと同時に、「**大きくなったら、こんなお姉さんになれたらいいな**」と思いました。サンリオに入社し直営店の店員になったのには、こんな伏線があったのです。

号泣して帰ったサンリオの会社説明会

住まいは青山、学校は六本木と都会で生まれ育ちましたが、父親が大変厳格でしたし、ミッションスクールで中高を過ごしたため、極めて真面目な生徒でした。

初めてサンリオの企業理念を知ったのは、会社説明会でのことでした。

当時、サンリオは『シリウスの伝説』『愛のファミリー』『キタキツネ物語』など、感動的な映画作品を数多く手がけていました。サンリオという会社に興味はありましたが、当時はインターネットもなく、深く知る機会はありませんでした。

そんななか、ちょうど就職活動を始めるタイミングで、『いちご新聞』にサンリオそのものを紹介する記事が掲載されたのです。

『いちご新聞』はサンリオの月刊紙です。サンリオのキャラクターや関連グッズなどの最新情報を伝えるもので、１９７５年に創刊しました。

記事からは、男性も女性もいきいきと働く様子が伝わってきました。

私が就職したのは、男女雇用機会均等法が施行される3年前の１９８３年です。当時はまだ、男女の賃金格差も歴然としていました。

それでも、**せっかく就職するなら女性も活躍できる会社がいい。**

サンリオに入りたい、という思いを募らせていました。

そうして迎えたサンリオの会社説明会の帰り道、私は号泣していました。辻社長の話と会社の理念を聞いて、感極まってしまったのです。

サンリオは、辻社長が１９６０年に創業した会社です。いちごが付いたオリジナルのギフト商品を発売したのが１９６２年のこと。１９７４年には、サンリオのキャラクターの代表選手である「ハローキティ」が誕生して一躍、大人気になります。

私が就職活動をしていた当時は、バブル前夜の経済成長期。子どもの数が増え、物がどんどん売れて、サンリオも東京証券取引所第二部に上場した直後と、勢いのある時期でした。

東京・五反田の本社で開かれた会社説明会は文字通り、人で溢れかえっていました。

「これを勝ち抜くのは難しいだろうな……」

腰が引けましたが、それでもなんとか一番後ろの席に着くと、会場前方のスクリーンにサンリオのアニメーション映画『チリンの鈴』が流れました。狼に母を殺された子羊が復讐のために狼に弟子入りするも、親子のような情が芽生え、それでも最後は本来の目的を思い出し……という、涙なしには見ることのできない作品でした。

なんという、心に迫る映画を作る会社なのだろう。

感動冷めやらぬなか、前方に辻社長が登場しました。そして会場を見渡し、サンリオの人事担当者に向かって開口一番、「こんなにたくさん。学生の皆さんが大変じゃないですか」と言うのです。

「みんな、このあと帰れるの？」

「ソニーの説明会に行きます」

就活生のひとりが答えたら、「ソニーさんと説明会の日をぶつけるなんて、かわいそうじゃないか。他の日にもう一回、説明会をやってあげればいいじゃないか」と、壇上から社員に向かって話しています。

社長と学生が親しげに言葉を交わすことなんて考えられなかった時代です。型にはまらず、ダイナミックで、フレンドリーで、とてもユニーク。「さすがサンリオだ」と思いました。


そこで初めて、サンリオの成り立ちや企業理念を聞きました。

昔の日本には誕生日という概念はなく、自分の生年月日を知らない人も多かった。でも、辻社長が通っていたミッション系の幼稚園では、宣教師の先生が毎月誕生会を開いて、クッキーを焼いてくれたり、鉛筆をくれたりした。それが子ども心に嬉しくて、誕生日は特別なものだと、ずっと思っていたといいます。

その幼稚園では「花の日」という、自宅にある不要なものをホームレスの人たちに持って行く日がありました。幼い子どもなので恐る恐る近づいていって、物をあげる。そのときのホームレスの人の喜びようを見て思ったそうです。「人にプレゼントするって素晴らしいことだ。もらった人も喜ぶし、あげたほうは心が温かくなる」と。

ちょっとした物をあげたときに、人の顔がパッと華やぐ。これが、贈り物ビジネスの原体験となったそうです。

その後、日本は戦争の惨禍に包まれます。山梨・甲府を襲った空襲で、妹を背負って一晩中逃げ惑い、一度に何万人もの人が殺された戦争。誰かが死んでいても、もはや気にも留めない惨状に、辻社長はこう誓ったそうです。

「もう2度と、人と人とが殺し合いをする世の中にしてはいけない」

みんなが仲良くできれば、戦争は起こらない。ちょっとしたかわいい物があれば、人はもっと気軽に「ありがとう」「ごめんね」を伝えられる。辻社長はこれを「ソーシャル・コミュニケーション・ビジネス」だと考え、サンリオを創業したのです。

メッセージを贈ることを大切に思ってきた私の心に、辻社長の話とサンリオの理念が響きました。**感動で涙が止まらない。まるで映画を観た後のように、「号泣」という表現が当てはまるほど、泣き続けながら帰路につきました。**

そして、ご縁があって憧れのサンリオに入社します。１９８３年の春のことでした。

「お給料はいらないので、休みもいらないです」

配属先の希望を出すとき、私は迷わず人事部にこう申し出ました。

「ギフトゲートのお姉さんでお願いします」

サンリオは、辻社長が売り場を何よりも大切にしている会社です。

そのことは、サンリオという社名にも表れています。

サンリオとはスペイン語で「聖なる河」を意味します。商品が顧客の手に届くまでには、商品をデザインする人、製造する人などの手を伝って川上から川下へと流れていく。

そうやって生まれた大切な商品を、河のほとりで最後に手渡すのがショップ店員です。「ですから、売り場に立つあなた方は最高の笑顔で、ホスピタリティを持ってお客様にお渡ししてください」

配属されて最初に言われたのがこの言葉でした。今でも忘れられないワンシーンです。私は本社が入っている商業ビルの中にあった直営店（ギフトゲート）に配属され、半年後には、田園調布に開店予定だったコンセプトショップ「いちごのお家」の立ち上げメンバーになりました。

店舗ではステーショナリーの担当をしながら、海外からのお客様の対応などをしていました。仕事はものすごく楽しかったです。1日でも休みを取ると、自分がいない間にお店で起きていることが気になって落ち着きません。

「**お給料はいらないので、休みもいらないです**」

こう店長に言ったら怒られました。「何言ってるの。休みなさい！」と。

しかし現場から離れたくなかった私は、休日でも「ちょっと遊びに来ました」とお店に顔を出し、こっそり品出しをしては怒られていました。当時はゴロピカドン、ザボードビルデュオ、ミスターベアーズドリームなど、新顔のキャラクターも続々誕生していた時期。とにかく毎日が楽しくて仕方がありませんでした。

それでも入社から1年半で結婚し、25歳のときに会社を辞めました。

女性は結婚したら専業主婦になるのが、まだ「普通」の時代でした。


子どもはなかなか授かりませんでした。

ようやく恵まれたのが29歳のとき。第一子を出産し、世界の見え方が一気に変わりました。

長男を産んだときのことは今でも鮮明に覚えています。陣痛が来ているときの病院の様子。生まれてきた朝の太陽の光。初めて見た我が子の顔。

この日を境に、新しい人生が始まりました。

すべての物事に対する見方が、母親の視点に変わりました。水にしても食べ物にしても、私が口に入れたものがこの子の体に入ると思うと用心深くなります。安全な暮らしや平和についても、深く考えるようになりました。

子どもと一緒に過ごす時間は、何より幸せでした。神様に感謝しました。無事に産まれてくれて、私のところに来てくれてありがとう、と。

夫のアメリカ赴任などさまざまな変化を受け止めながら、32歳で第二子を出産しました。長男は私の父に似た、髪の毛がクルンクルンの天使。次男は涼しげな、きれいな顔。まさに天使のようでした。親バカそのものですが、いつまでも天使たちをながめていたいほど、幸せを感じていました。

長男の幼稚園入園準備と同時にママ友デビューをしました。長男をバギーに乗せ、次男を抱っこして右往左往する日々。習い事の送り迎えをしたり、お弁当を作ったり。すべてが子ども中心になりました。

幼稚園に通う長男と、生まれたばかりの次男。子どもたちがとにかくかわいくて、溺愛して。仕事復帰なんて微塵も考えないほど、主婦業と子育てに夢中でした。

次男を失った日の記憶

そして34歳のとき。
次男の突然の死で、私の人生はすとんと幕を閉じました。

さっきまで元気だったのに。

当時のことは、つらすぎて記憶があいまいになっていると家族や親戚は言います。

でも私は不思議なくらい、すべて覚えています。

あの日、次男が着ていた服の色。

あのとき、誰がどう動いて、どんなことを言って、何が起きたのか。

病院に行ったときのこと。そのときに見たもの。聞いたこと。

すべてが映像として、今でもスローモーションのように蘇るのです。

消えてくれない、忘れさせてくれない記憶。

人生は、神様は、なんて残酷なのでしょう。

次男の事故死で、すべての感情が止まりました。人、物、お金、目に見えるものへの執着が一切なくなりました。

ひとりで泣くことはあっても、家族や親戚、友人の前では何もなかったかのように振る舞っていました。「亜矢さんは案外冷たい」。陰でそう言われることもありました。愛する子どもを失って平気な母親などいるでしょうか。そんなことを言える人に対して、私はどこか冷静に、人の深さや浅さ、本質というものを感じ取っていました。

「この人は、本当はこういう人だったんだ」

閉じた心の中に少しずつ、いろいろな記憶と感情が澱のように溜まっていきました。当時、おなかの中には三男がいました。それでも、世の中に自分しかいないような感覚でした。日常生活のルーティンは淡々とこなすけれど、心がどこにもない。今思えば、鬱(うつ)状態だったのでしょう。

三男の出産直後から、食事の支度など、それまで普通にしていたことが何もできなくなりました。何を食べてもおいしくない。笑えない。子育てをしていても喜びがない。それまで「やらねばならない」と思っていたお付き合いや、我慢しながら心に折り合いをつけていたことがすべて、「もう無理」になりました。「もう嫌だ」「もうこれ以上、聞きたくない」と。

何かが私を突き動かし、我慢していたさまざまなことが溢れ出してしまったのです。

三男の出産から半年後。その世界から消えたい思いで、離婚を決めました。

ゼロから自分の世界を作らなければ生きていけない。そんな境地でした。

自分のリズムで呼吸できる世界へ。

人って、哀しくてかわいい

別れた夫とは、ある意味同志でした。同じ痛みを持つ同志。けれど再び健全に向き合えるようになるまでには、かなり時間がかかりました。

今思えば、自分自身を追い詰め、追い込まないと生きることができなかったのです。次男を失い、心には大きな穴があいたまま。何かの役に立っていなければ、生きていてはいけないような気持ちでした。

今の私なら、子育ても十分に素晴らしい仕事で、お母さんをすることは立派に世の中の役に立っているとわかります。でも**息子を失ったことで、実は「お母さん」でいることに自信を失っていた**のだと思います。

社会に出て仕事をして、お給料をいただくことで存在意義を感じたかった。とはいえ11年間のブランクを経て、30代後半の主婦が仕事を探すのは大変でした。何もできないというのはこういうことなのだと、目の前に現実を突き付けられました。
仮に仕事が見つかっても、ベビーシッターに子ども2人を預けると赤字になります。それなら子育てに集中したほうがいいかというと、それでは自立心が満たされない。すべてが堂々巡り。泣いてばかりの毎日でした。
1995年のことです。年明けに阪神淡路大震災が起き、春にはオウム真理教が起こした地下鉄サリン事件が世を騒がせていました。
私は自宅で子育てをしながら、テレビでこれらのニュースを見ていました。何もかもが、遠い世界の出来事のように思えました。大変な人たちがいても、私には何もできない。この社会で暮らしながら、何の役にも立っていない――。

生きるって何だろう。

そんなことをずっと考えていました。

人生は、人間についての学びの連続です。

離婚したとき、態度を一変させる人がたくさんいました。知った途端に口を利いてくれなくなるのです。一瞬にして、「ああ、そっち側の人だったのね」と見えてしまう。

でも、人間には「１００％いい人」も「１００％悪い人」もいないと思います。立場が人をそうさせるのです。その人にも立場があり、家族がいる。そうせざるを得ないこともあるのだと、そのとき、よくわかりました。「人にされて嫌なことはしない」と決めていますが、私にもきっと、そういう面はどこかにあります。完璧な人などいないのですから。

一方、離婚しようがしまいが、まったく態度を変えることなく昔も今も応援し続けてくれている友人もいます。

人って、哀しくてかわいい。みんな愛おしい存在です。

絶望の淵に沈んだことで、人間というものを少しだけ深く知ることができました。

そんな日々を半年ほど送った頃、知り合いから「化粧品の販売をしない？」と声をかけられました。

「**私にできる仕事があるのなら、ぜひやらせてください**」

二つ返事で快諾しました。

化粧品の仕事を通じて出会った販売員たちは皆、パワフルでした。

サンリオに入社した頃のように、仕事にのめり込んでいきました。やればやるほど成績が上がり、収入も増え、いつしか優秀な販売員として表彰されるようになりました。もともと、「やるなら結果を出さないと」という性格です。訪問販売を続けるうち、だんだんと根性も座っていきました。

専業主婦を続けていたら絶対にしないような経験を通じて、少しずつ世の中を知っていきました。

精神的・経済的自立が女性を美しくする

化粧品販売の仕事は「個人事業主」のようなもの。やればやるほど、頑張れば頑張っただけ、面白いように成績が上がっていきました。

売り上げを伸ばすコツを教えてほしいと、地方の販売員からも声がかかるようになりました。しかし、そんな私を快く思わない女性たちもいました。

今思えば、明らかに嫌がらせだとわかる出来事もありました。

ある日、予定していた説明会の会場に行ったところ、誰もいません。施設の人に聞くと、「キャンセルの連絡がありました」と言います。私を困らせようと、誰かが勝手に会場に連絡を入れていたのです。

女性社会の嫉妬は凄まじかったです。「一生懸命やることが、みんなのためになる」と信じて頑張っていたのに、一番信頼していた仲間に裏切られたこともありました。

なんて悲しい世界なのだろう。

人の不幸の上に成り立つ仕事なんて、みじめだ。他人の足を引っ張るエネルギーを、どうして前向きな力に転換できないのだろう。それぞれ頑張っているのは同じなのに、満たされない思いを自己研鑽ではなく、他者批判や他者への攻撃で埋めようとしている。

世間の女性たちの悲しい現実に、自分の無力さを痛感させられました。同時に、会社にいたときは当前だったサンリオのカルチャーの崇高さが私の中で際立ってきました。

「みんななかよく」という理念を掲げていた、サンリオの職場が恋しくなりました。

化粧品の販売を通じて、さまざまな悩みを抱える女性たちにたくさん出会いました。

私は東京で生まれ育ち、親に学費を払ってもらいながら私立の中高を出て、四年制大学を卒業。上場企業に就職し、寿退社。当時はそれを、特に恵まれていると思ったことがありませんでした。

でも社会に出てみると、いろんな境遇の女性たちがいました。夫や親の暴力に悩まされている人。親の借金を肩代わりしている人。嫉妬やママ友との関係に悩む人。肌の悩みを聞くはずが、心の相談が次々に出てきます。

そのうち、**肌の悩みの根本にあるのは心の悩み**だと気付きました。

女性の悩みは経済的な自立はもちろん、精神的に自立していないから生まれるのではないか。**女性が美しく「自分を生きる」には、化粧品で見た目をきれいにするのではなく、精神的・経済的に自立することこそ大切なのではないか**と思うようになりました。

一方で、どこか虚しさも感じ始めていました。

新幹線の最終を逃してしまうほど親身になって相談に乗っても、次に会うと何も改善されていないことがよくありました。女性たちに生き生きしてもらいたいと一生懸命やっても、本人が動かないことには始まらないのです。私が良かれと思っていることは、相手にとっていいとは限らないことにも気づきました。

このような経験を通じて私のなかに、**女性たちの支援をしたいという強烈な思いと、人の心の問題への興味**が芽生えました。

女性たちの相談を受けながらも、私自身の心と体は疲れ果てていました。

ちょうど、長男が中学受験の準備に差し掛かっていた頃でした。離婚して片親になったからといって、子どもには絶対に肩身の狭い思いをさせたくない。お受験を成功させなくてはと、すべてを背負いこんでいました。

当時の私は、超がつくほどの鬼母でした。

特に、長男にはものすごく厳しく当たっていました。怒鳴るどころではありません。事あるたびに、椅子を蹴飛ばすくらいの勢いで叱りつけていました。

正直、八つ当たりだったと思います。

仕事ではグループの規模が大きくなり、女性たちのいじめも激しくなり、自分に課したノルマは一層厳しくなっていました。家庭では、三男の幼稚園通いに長男のお受験。私の母親からは、「子どもを放ったらかして仕事仕事って、どういうことなの」と責め立てられる。逃げ場がありませんでした。

しかもそんななか、アロマ検定の資格取得に向けて勉強し、皮膚理論を学び、フェイシャルの学校にも通学していました。**自分に足りない部分にばかり目がいって、「私には何もない」と思う。だから頑張って仕事をする。仕事をすると、知識が欲しくなる。**睡眠時間を削ってでも、自分を高めなくてはいけない。常に欠乏感に苛(さいな)まれていました。

そんな日々の中で、私に何か言いたそうな顔をしている長男を見るだけでイライラしたのです。

今思えば、どうしてあんなにイライラして、ひどい態度をとってしまったのか。何百回わびても足りないほど未熟な母親でした。

そんな生活が1年ほど続きました。

体重は今の3分の2くらい。ガリガリに痩せ、化粧品の仕事をしているのに40歳前後とは思えないほどやつれていました。

そのうち、食事が喉を通らなくなりました。何を食べようとしても胃が受け付けず、グラスに入れた牛乳を半分飲むのがやっと。帰宅後は、リビングからトイレに行くことすらできないくらい、だるくて体が動きません。

そして、ある日の夜。

車で自宅に到着した瞬間に発疹が出て、その場で倒れました。

救急車で病院に運ばれました。

点滴を受けている間に、血液検査の結果が出ました。血液中の血小板の数が圧倒的に少なく、過労死寸前で危篤状態に陥りました。

そのまま、3週間の入院生活が始まりました。

次男を失ったときが私の1度目の死であるなら、このときが2度目の死でした。

「三途の川」を3回見ました。川岸から、亡くなった次男と父が手を振っています。

「ごめんごめん。まだ行かれないんだ」

ふっと目を覚まして、またすっと眠りに落ちる。同じ夢をみる。

3回目に目を覚ましたとき、はっと意識が正常になり、命が危なかったのだと気付きました。そして強烈に、「**子どもたちのために生きなくては**」と思いました。

このとき初めて、病院食をひと口いただきました。頑張ってひと口、お肉を飲み込み、同時に涙がポロポロこぼれました。

私は何をしているんだろう、何を頑張っていたんだろう。子ども以上に大切なものなどないのに。母親であることを、もっとちゃんと自覚しなくてはと猛省しました。

過労死とは恐ろしい言葉です。自分では気づかないうちに疲れを溜め込み、体が悲鳴を上げ始めます。

「だるい」という症状を見逃してはいけないというのが、この経験から学んだこと。仕事が好きな人ほど要注意です。

以来、休憩と睡眠をきちんと定期的に取るよう、事前にスケジュールに入れ込むことを自分に課しています。それくらいしないと、ついつい仕事にのめり込む性格は、なかなか変わりませんから。

「サンリオで化粧品を作らない？」

「化粧品って儲かるの？」

退院し、長男の受験も終わったころ、久しぶりに会ったサンリオ時代の元同僚に聞かれました。

「やり方次第では儲かるわよ」

そう答えたら、「じゃあ、大人の女性に向けたハローキティの化粧品つくってよ」と、まさかの提案が。寿退社をしてもなお、サンリオという会社が大好きな私には願ってもないチャンスでした。

　こうして偶然が重なり、化粧品事業の研究所長として、サンリオの関連会社でゼロから化粧品の開発を始めました。

「女性のホルモンバランスと香りには、密接な関わりがあります」

「肌は何かを与えるよりも、余分なものや汚れを取ることが大事」

「クレンジングには、妥協せずにこの成分を入れるべきです」

　前職で得た知識や経験がとても役に立つ仕事でした。しかし、結果は大失敗。「せっかくやるなら、世界で一番いい化粧品をつくろう」と意気込み過ぎて、売れば売るほど赤字が膨らむ状態に陥ってしまったのです。

　磨りガラスにゴールドのハローキティのロゴをあしらい、アメニティのポーチなどもすべて企画する仕事はとても楽しかったのですが、ビジネスはそう甘くありません。マーケティングの視点が欠如していたのです。すっかり会社に損失を出させてしまいました。

　リベンジしようと、今度はターゲットを20代後半に設定し、低価格帯の基礎化粧品を作りました。しかし時代はドクターズコスメ全盛期です。大手企業が広告費に数十億円もかけるなか、ハローキティが人気者とはいえ太刀打ちできません。やむなく撤退を決めました。

しかし、この経験を通じて商品の企画・開発に必要なマーケティング、プロモーションに重要なパッケージデザイン、イメージ戦略などを勉強できました。

今はデジタルマーケティングが主流ですが、化粧品事業を通じてマーケティングの基本を学べたことは、結果的にピューロランドの事業にも役立っています。

コーチングを通じて女性の悩みに応えたい

化粧品の仕事と失敗を通じて得た学びは、それだけではありませんでした。**女性支援の活動を、女性に愛されながら成長してきたサンリオの事業としてやるべきだ**と確信を持てたのです。

化粧品事業を手がけていた頃から、すでに私の心はコーチングやキャリアカウンセリングなどを通じて、若い世代の女性や母親たちにメッセージを発信するほうへと向いていました。

コーチングを学ぶきっかけは、新聞広告で見た、あるキャッチコピーにありました。

「答えはその人の中にある」

化粧品販売の時代に、たくさんの女性たちと話しながら感じていた虚しさの原因がここにありました。化粧品の営業で全国を回っていたときに感じた戸惑い。子育てで自分に不甲斐なさを感じていたこと。澱（おり）のように溜った心の傷。それらを払拭するには、コーチングを学ぶのがベストだと思いました。

2004年からコーチングの学校に通い、2007年にプロフェッショナルコーチの資格を取りました。

「ここで学んだコーチングを、誰に対して実践したいですか？」

卒業のとき、こう問いかけられました。とっさに長男の顔が浮かびました。今なら、長男の素直な気持ちを聞いてあげられるかもしれない――。

帰宅後、さっそく長男に声をかけました。

「コーチングの資格を取ったから、ちょっとやらせてもらえないかな」

「うん、いいよ。ソファに寝っ転がればいい？」

フェイシャルの資格を取ったとき、〝実験台〟になってもらったからでしょう。マッサージでも始まると思ったらしくて、どうぞと言わんばかりに横になる長男。

「そうじゃなくて、いろいろ質問していくのなんだけど……」

そう言ったら、少し顔が曇りました。お母さんは僕に何を聞くつもりなんだろうと、ビクビクしているようです。

「あなたは将来、何になりたいとか、ある？」

「うーん……海賊？」

高校生で海賊って、漫画の『ＯＮＥ ＰＩＥＣＥ』そのまんまじゃない。思わず「ばっかじゃないの」と言葉を漏らしそうになりましたが、ここはコーチングの練習の場です。傾聴が大事、否定しないで聴かないと、と一息入れて、「海賊ってよくわからないけど、何をする人なの？」。

「お母さんは、海賊って悪いやつだと思っているでしょ」

「え、そうじゃないの？」

「海賊ってね、実はすごく仲間思いなんだよ。仲間が困っていたりしたら、助けてあげるんだ」

「仲間思いなんだ。じゃあ海賊になって、誰を守りたいの？」

少しの間があった後、長男はこう言いました。

「遠くの国の人がテロとかでつらい状況にあっても、申し訳ないけど今の僕にはピンとこない。だけどもし、お母さんとか弟が誰かに何かやられたら、僕は絶対に許さない」

どうしようもない鬼母だった私を、この子は守ろうとしてくれている。

息子のなかに、こんな思いがあったなんて気づきもしなかった。

この言葉を聞いた瞬間、涙が溢れて止まりませんでした。

今、子育て中のお母さんたちに伝えたいことがあります。

腹が立つことがあっても、どうかちょっと耐えて、子どもの話を聞いてみてください。いろいろな角度から質問してあげてください。

そうすることで、思わぬ宝物に出会えるから。

この日を境に、私は長男に繰り返し、何度も謝りました。

あなたが言いたかったこと。だけどこれまで飲み込んできたこと。何も聞いてあげられない、未熟なダメなお母さんで本当に申し訳なかったと。

何年経っても、今でも謝りたい気持ちでいっぱいですが、「もういいよ」と散々言われているので、最近はいってらっしゃいのときに「あの頃は、本当にごめんね」という気持ちを込めて、時々背中をさするだけにしています。

左胸と子宮の全摘出に迷いはなかった

人生は、想定外でできています。

私の人生は既に2回、幕を閉じたと言いました。そしてコーチングの資格を取得し、ようやく自分のミッションに向かって歩み出せると思った矢先の2007年末。乳がんが見つかったのです。

きっかけは偶然でした。

ある日、コーチング仲間から相談を受けました。

「子宮がんの検診を受けたいんだけど、婦人科の病院知らない?」

そう言えば、私も子宮がんの検査をしたことはありません。一緒に検診に行くことにしました。そして、待合室で偶然、「1カ月以内に乳がんの検査を受けると1000円安くなります」という張り紙を見つけたのです。

割安になるなら、一度受けておこうかな。

電話で予約し、日を改めて今度は乳がん検診を受けました。そして、その場で「がん研に行ってください」と、紹介状を手渡されました。左胸が乳がんに侵されているとのことでした。

女性の皆さん、しこりがないからといって安心してはいけません。私の乳がんは、ふりかけを撒いたかのように、がん細胞が広範囲に散っていました。この場合、セルフチェックで発見するのは困難です。しこりがなくても、定期的に乳がん検診を受けてください。

左胸を切除することに迷いはありませんでした。

翌年の3月に手術を終えました。

不思議とショックはありませんでした。手術するなら早いほうがいい。そして、思い切って全摘出したほうがいいと決めていました。

ありがたいことに、転移は見られませんでした。**生き続けたかったから**です。外科の手術を受け、退院して1週間後には職場に通い、いつも通りの生活に復帰しました。

しかし、これだけでは終わりませんでした。

2009年には重い子宮内膜症と子宮筋腫に悩まされ、子宮を全摘出することになったのです。女性のシンボル的な部分ともいえる胸と子宮を、ほぼ同時期に失いました。

乳がんを宣告されたとき、人生の終わりをイメージしました。

そして、「**限りある人生、悔いなく生きよう**」と強く思うようになりました。すべての経験を、誰かのために役立てることができたら本望だと。

乳がんの手術が終わった数カ月後、49歳でサンリオの企業内ベンチャーとして、検診の啓発をはじめ女性の活躍を支援する「株式会社Ｎａｌ」を立ち上げました。Ｎａｌには、女性が笑顔に「なる」、なりたい自分に「なる」という思いが込められています。

同じ年に、コーチングプログラムなどを通じて子育てを支援する「ＮＰＯ法人ハロードリーム実行委員会」を立ち上げました。おかげさまで、今では47都道府県に支部ができ、約2000人の担い手がいる組織に成長しています。

2010年には、子宮頸がん予防啓発活動「ハロースマイル」をスタート。ハローキティなどサンリオのキャラクターに応援してもらいながら、若い女性たちに子宮頸がんについて知ってもらおうというプロジェクトです。いろいろな企業や団体が一緒になって活動しています。

自分の子育ての反省や、婦人科系の病気に罹患した経験を生かせればと、主に女性たちに向けてセミナーや講演を手がける日々が続きました。ハロースマイルでは国連とのつながりができたり、TOKYO FMで4年半、ラジオのパーソナリティーという思ってもみなかった仕事を経験できたりもしました。

いろんなことを経て、本当にやりたいことへの思いが体全体から溢れてくる。そんな時代でした。

大切なメッセージを伝えることに、残りの人生を捧げよう。

そう決意を固めていたのです。

51歳から大学院で自己論を学ぶ

「人間を守るものは知識」

化粧品販売の仕事をしていたときから、私はそう思っていました。当時は、学びを通じて他の誰よりも化粧品のことを語れる自分にならなくてはと感じていたのです。

何かをやればやるほど、こんなこともできない、こんなことも知らないと気づかされます。51歳で大学院に進学したのも、ハロードリームの活動などを通じて人前に出る機会が増え、自分の足りない部分にたくさん気づいたからでした。

それまでは、コーチング理論と子育ての実体験をベースにセミナーや講演をしていましたが、より専門的かつ学術的な知見を持たないと説得力に欠ける気がしました。理論という下支えがあればもっと、伝えられることの幅が広がるかもしれない。ハロードリームのメンバーのためにも、代表がしっかりしていないと申し訳ないという思いもありました。

2011年、仕事をしながら東京大学大学院教育学研究科に進学しました。

この受験は、私の人生における最大のチャレンジでした。「寸暇を惜しんで」という言葉がありますが、運転をしているときでも、信号で止まっている間に3つ英単語を覚える。睡眠時間は3時間。身体中の細胞が、私のチャレンジを応援してくれているとしか思えない。そう感じながら集中力マックスで駆け抜けた数カ月。合格発表の場で、自分の番号を見たときの達成感。子どもたちを授かって以来の大きな喜びがありました。

そうまでして学びたかったのは自分との向き合い方、自己理解についてです。

サンリオの理念は「みんななかよく」。私はその前に、「自分となかよく」することが大切だと考えています。コミュニケーション論やコーチング、キャリアカウンセリングなど、さまざまなことを学んできましたが、最終的に、行動の主体は自分にあります。

自分とどう関わると、よりよく生きられるのか。その答えを知りたくて学び始め、修士論文のテーマとして出会ったのが「対話的自己論」でした。

対話的自己論とは、シンプルにいうと、自分のなかにある声に積極的に向き合う方法論です。

ひとりの自分という存在のなかには、さまざまな価値観や役割、得意なこと、不得意なこと、理想像などがあります。自分というのは、いろいろなシーンに応じて変わっていくものです。そして、そこには常に感情が付いてきます。

今の自分は何を感じ、どうしたいのか。自分と向き合いながら理解するのが対話的自己論の核です。この手法を知ることで、自分を客観視しつつ、その時々で納得しながら道を選択することができます。

私もピューロランドに着任したとき、さまざまな葛藤がありました。でも、この手法を身につけていたからこそ、納得しながら今日まで歩いてこられたと思っています。

「本当の自分だったら、どうしたいですか」

コーチングでは、しばしば「本当の自分」という言葉が登場します。**でも、そもそも本当の自分って何だろう。そこがわからないから皆、苦しいんじゃないか。本当の自分なんて、必要なのだろうか。**

人の前で話している自分。お母さんとして、子どもと向き合う自分。どこかまだ親に反抗してしまう、幼いままの自分。組織のまとめ役としての自分。
私の中にもいろんな自分がいて、さまざまな葛藤を抱えていました。どれも自分なのに、ギクシャクしてしまう。

「本当の自分って、一人なの？」

研究を通じて、この疑問を解決したかったのです。
大学院では何かに取り憑かれたように勉強しました。やりたい研究ができて、仲間もいて、自分にとってこんなに至福のときはありませんでした。

修士課程修了後は、教育関連の仕事に軸足を移そうと決めていました。
当時考えていたのは、心の授業に近いものです。既にＮＰＯ法人の活動を通じて、お母さんたちの心のケアは手がけていました。次はもう少し幅を広げて、小学校高学年くらいから第二の人生を歩み始めるシニア層までをターゲットに、自分自身に折り合いをつけながら生きる方法や、人とのコミュニケーションの取り方を学ぶ場を作りたかったのです。

お金や健康など、人はさまざまな悩みを抱えながら生きています。

しかし実は、これらの根本にあるのはほぼ人間関係の悩みです。人の幸せを考えるなかで、人間関係が占める割合はとても大きいものです。

にもかかわらず、具体的な方法を学ぶ機会がありません。

運転免許を取るときは教習所でドライブの練習をするのに、それよりはるかに難しい子育てやコミュニケーションについては、誰にも具体的に教わることがないまま大人になっていきます。こういったことをしっかりと学ぶ仕組みがあればと思います。

定期検診などで身長や体重の変化といった身体的な成長は意識できますが、心の成長は目に見えません。今ある心の状態に目を向けて、自分自身と折り合いをつけながら生きていくこと。他人となかよくするために、まずは自分となかよくすること。

次世代の女性たちにこのメッセージを伝えるために、学校で教職に就くのもいいなと漠然と考えていました。

紆余曲折を経て、ようやく自分が人生をかけて取り組みたいテーマが見つかり、その準備もできました。

「これからは、キティちゃんとは少し離れた場所で仕事をしていこう」

そう思っていたのです。

COLUMN

「自分となかよく」するための毎日の習慣②

その日の服装は占いで決める

服装選びは、意外に時間がかかるものです。

迷う時間を少しでも減らすために、私は寝る前に星座占いのアプリでラッキーカラーをチェックして、着るものを決めています。

まずは、翌日の仕事の予定を確認。お会いする方や会議の内容などを踏まえつつ、かっちりとしたシルエットのスーツがいいかなど、場にふさわしい服装の方向性を決めます。

基本のスタイルは、白のインナーにジャケットの組み合わせです。差し色としてスカーフを巻くことが多いのですが、占いは、このスカーフの色を決めるときに役立ちます。

占い結果を取り入れることで、スカーフの色や相手に与える印象がワンパターンになるのを防ぐことができるのです。

ストレスが溜まったら書いて捨てる

書くというのは、自分を客観視できる方法のひとつです。

ストレスが溜まったり、嫌なことがあったりしたときは、紙に書き出すとスッキリします。送らないことを前提に、イラっとする相手に手紙を書くのもおすすめです。これだけで気持ちがリセットされることがあります。ただしメールには気をつけましょう。間違えて送信ボタンを押してしまったら、取り返しがつきませんから。

ネガティブな感情を紙にしたためたときは、その紙を派手に破いて、丸めてゴミ箱に捨てましょう。アクションは派手にしたほうが、気持ちの切り替えには効果的です。

ノートや日記帳に書くなら、終わったときに「パン！」と音が出るくらい派手に閉じましょう。体の動きは心の動きと連動するので、「おしまい」というのを体に感じさせることが大切です。

学ぶなら「通学スタイル」を選ぶ

私は「学び中毒」です。どんなに仕事が忙しいときでも、学びの予定を入れてしまいます。

化粧品販売の仕事をしていたときはアロマを学び、フェイシャルマッサージの学校に通いました。その後はキャリアカウンセリングにコーチング。英語のスピーチ学校にも通いました。そして東大の大学院進学。

「どうしてそこまでするの？」と聞かれますが、新たなフェーズに進むたび、足りない部分に目がいってしまうのが理由の一つです。自己肯定感が低いともいえるし、成長の可能性を信じているともいえます。

常に新人、新入生でいる心地よさを楽しんでいる、というのもあります。

新しいことを学ぶとき、人はいつも1年生になります。素直に「教えてください」と言える場所、謙虚にならざるを得ない立場が、私にはとても心地いいのです。常に1年生。これは心のアンチエイジングサプリ。フレッシュな気持ちを維持できます（笑）。

「通学と通信、どちらがおすすめですか」

こう聞かれたら、私は通学をすすめます。時間と場所が決まっているほうが自分を追い込めるというのもあるし、何より共に学んだ仲間というのは、何物にも代えがたい財産です。

大学院はもちろん、それ以前の学びも通学形式を選んできました。そのときの仲間は今でも、公私問わずさまざまなシーンで力を貸してくれます。ビジネススクールの教授もいれば、人材育成のプロもいます。ピューロランドの仕事で迷ったときには、さまざまな相談に乗ってくれる大切な人たちです。

すべての出会いが、今の自分をつくってくれたのです。

学びの仲間たちや尊敬する経営者の皆さんを見ていると、どの方も生涯学習者であり、学び続けていることが当たり前です。

今の時代、社内で得た経験だけをベースに働き、社内や取引先の人とだけ付き合うスタイルでやっていくには変化が激しすぎます。専門分野でも、まったくの異業種でもいい。興味があるものを掘り下げることで強みが増し、自信につながります。

デジタル関連や、マーケティングの潮流を知ることは必須です。世界で起きていることや、今の時代に合う手法を学ばずに経営するのは無謀といえます。材料を何も揃えずに、素敵なディナーを用意しようとしても無理なのと一緒です。

大人になると、知らない世界に入っていくのは勇気が要ります。役職などがつくと、ますます新人の側に立てなくなる。恥をかきたくない。知らないと言えない。その気持ち、わかります。

でも、エイっと気合いを入れて学びの世界に足を踏み入れ、初回に「あまり知識がないです」と鎧を脱いでしまえば、あとは仲間と切磋琢磨するだけ。学生気分に戻れて楽しくなってきます。学びの場が、いつの間にかストレス解消の場になり、会社以外のネットワークが仕事にも役立つとしたら、こんなにいいことはありません。

テーマパークの仕事を始めて、こんなに多くの部署があることと、各部署の専門性の高さに驚きました。これからは専門性を保ちつつも、担当部署に限らずもっとマーケティング、つまり人（社員と顧客）を知る活動に注力してもらいたいと願っています。

社員やスタッフ全員にマーケティングのセンスが身についたら、ピューロランドはより最強のチームになれると思います。なぜなら、テーマパークは間違いなく、「顧客体験」でできている場所だから。

ピューロランドの桃太郎が鬼退治しない理由

「これからはピューロランドの時代が来る！」

2年で黒字化する。

そう自分のゴールを決めた直後から私は、どうすればピューロランドの経営を立て直せるか、具体的な策を練り始めました。

そしてすぐに、「これからはピューロランドの時代が来る」と確信しました。

経営戦略を考える手法の一つに「ＰＥＳＴ分析」があります。マーケティングの基本的なフレームワークです。政治、経済、社会、技術の４つのマクロ環境を、網羅的に把握したいときに使います。

この手法に則って、ピューロランドが置かれている状況を客観的に見れば、「**どう考えても、時代の波に乗っている**」とわかったのです。

まずはP＝politics（政治）。政治の世界では、「外国人がクールだと思う日本の魅力を積極的に発信していこう」という流れが顕著でした。いわゆるクールジャパン戦略です。サンリオの「かわいい」キャラクターやピューロランドのコンテンツを含め、日本特有のサブカルチャーやハイカルチャーを文化の象徴として打ち出すことが、国家戦略として大切だという認識が高まっていました。

世の中にキーワードが打ち出されると、みんなの意識がそこに向かいます。今ならまさにSDGsがそれに当たります。ビジネスを推し進めるうえで、国の方針は無視できません。

E＝economy（経済）の部分では、2010年に経済産業省が「クール・ジャパン室」を設置し、海外需要の獲得や関連事業を盛り上げるために国家予算を割り当てたり、海外で日本文化の総合博覧会「ジャパンエキスポ」を開催したりしていました。消費の流れはちょうど「モノからコト」、体験型消費へと変化していました。

次にS＝society（社会）。おひとりさまやオタクと呼ばれる人たちがマイナーではなくなったのは、この頃です。価値観の多様性。コスプレにハロウィーン。世の中の楽しみ方が、よりテーマパーク寄りになってきていました。

そして忘れてはならないのが、２０１１年の東日本大震災。震災以降、絆や思いやりといった言葉を、みんなが恥ずかしがらずに堂々と口に出すようになりました。**サンリオが発信し続けている「みんななかよく」というメッセージが、まさにすっと心に届く時代になっていました。**

Ｔ＝technology（技術）でいうと、デジタル化の波が猛烈な勢いで進んでいました。フェイスブックやインスタグラムなどのＳＮＳが爆発的な広がりを見せ、お客様が情報を拡散してくださる時代に。情報システムの変革は、プロモーションやマーケティングの場面で、顧客ニーズの変化に対応しながら俊敏に策を打てるツールを次々と生み出していました。コンテンツ面でも、低コストで面白いものが作れるようになってきました。

こんなに外部要因に恵まれているのだから、黒字化できないはずはない。

心が定まりました。**喫緊の課題が山積みだけれど、流れに乗って一つひとつ地道にクリアしていけばいいのだ、**と。

イケメンミュージカルで大人女子の心を鷲掴み

真っ先に手掛けたのは、「**メインターゲットを変える**」ことでした。

当時のピューロランドは、幼いお子さん連れのご家族がほとんどでした。もちろん、どのお客様も大切な存在。ですが、来場者数を増やすには、20歳前後の学生から30代半ばの働く女性たちまで、いわゆるF1層を取り込むことが最重要課題でした。

この世代は、今や消費のけん引役です。しかも、SNSのヘビーユーザー層でもあります。彼女たちが「何度も来たい」と思えるピューロランドにすることを、V字回復の軸に据えました。

実は、辻社長は以前から「**子ども向けにしてはいけない**」と言い続けていました。施設やコンテンツを子ども向けにすると、大人は来なくなる。でも大人向けに作れば、おのずと子どももついて来ると。私もその通りだと思いました。

来場者数が低迷している頃から、「**大人の女性にターゲットをシフトすべき**」ということにはみんな、気づいていました。しかし、キャラクターはどうしても子ども色が強いもの。スタッフは「大人女子を取り込むべき」と頭ではわかっていても、いざ実際の施策に落とし込むとなると、どうすればいいかがなかなか見えてきませんでした。

ターゲットを転換するには、わかりやすい球を思い切って投げる必要があります。試行錯誤の中で編み出されたのが、**「イケメン俳優による2・5次元ミュージカル」**だったのです（6ページ写真）。

それまでにも、ピューロランドではミュージカルを上映していました。しかし、登場人物も内容も、子どもを強く意識したものでした。

大人女子向けのショーとはどのようなものか。企画・制作部のプロデューサーチームが悩み考えた結果、「イケメンの力を借りる」という、シンプルな解が出てきたのです。彼らのファンになってもらえれば、リピート客として繰り返し来てくれる可能性も大いにあります。

企画開発では、ミュージカル『テニスの王子様』（テニミュ）など数多くのヒット作を生み出してきた、株式会社ネルケプランニング様の力を借りました。

こうして、2015年6月にスタートしたのが、ピューロランドで初となる男性のみのミュージカル『ちっちゃな英雄（ヒーロー）』です。

上演時間は約40分。原作は辻社長のメルヘン作品『大切な仲間たち～ねずみ物語～』です。創業者が書いたストーリーなので、サンリオの理念がたっぷり入っています。

メインの「ねずみ男子」を演じるのは、テニミュでも大人気だった加藤真央さんや加藤良輔さんなど、注目のかっこいい若手俳優たち。舞台の脚色と演出は、嵐の大野智さんの「風（プー）シリーズ」などを手がけた人気脚本家で劇作家・きだつよしさんが担当してくださいました。ストーリーテラーの大役はマイメロディに託しました。**ピューロランドだからできる、大人女子向けのミュージカルショー**です。

ご覧になっていない方のために、少しストーリーをご紹介しましょう。

ストーリーテラー役のマイメロディが語るのは、とある町の古いホテルに住む家ねずみたちの物語です。リーダー候補のジョージとジェラルドを中心に、彼らは人間たちの目を盗んで、こっそりと力を合わせて暮らしています。

しかし、ある事件をきっかけに、〝英雄〟だったジョージは森へと追放されてしまいます。追放された森でジョージが出会ったのは。そして事件の真相は……。衝撃のラストとともに、本当の強さや優しさ、友情や絆、勇気とは何かを考えさせられる、深みのある作品です。

「愛」をテーマにしたコンテンツが多いピューロランドですが、男性的な響きがある「英雄」というテーマは、お客様からも新鮮味を持って受け入れられたようでした。

公演会場となったのは、ピューロランド内にあるフェアリーランドシアター。植物や木の装飾で造りこまれた、メルヘンな雰囲気いっぱいのステージ空間です。せっかくイケメンが登場してくれるのです。**大人女子に喜んでもらうには、どんな仕掛けがあるといいか。**

考えた末、上演の最後にねずみ男子たちがステージから客席に下りてきて、笑顔でハイタッチする時間を設けました。ピューロランドならではの、客席と舞台の近さを生かした演出です。これには大人女子たちから歓声が上がりました。

イケメンミュージカル第二作となった『MEMORY BOYS～想い出を売る店～』。2018年にスタートしたこちらも、ネルケプランニング様とのコラボ作品。原作は辻社長の『想い出を売る店』です。サンリオの理念である「みんななかよく」に加えて、想い出の大切さをテーマに据えたショーコンテンツになっています。

おおまかなストーリーはこうです。

ルバートとその兄ラルゴはバイオリニスト。ある日、コンサートを間近に控えた2人が「想い出を売る店」を訪れ、亡き父と共に演奏していた頃の想い出に触れていきます。

しかしコンサートの直前、2人が大切にしているバイオリンがなくなってしまいます。バイオリンはどこへ行ったのか。3人のMEMORY BOYSが行方を探る中、実は過去にも兄弟のバイオリンが壊される事件があったことを知ります。過去の事件との関係は。そしてバイオリンは見つかるのか――。

「想い出は誰にでもあるもの。見たくない想い出、心がちくりとする想い出もある。だけど、あとから振り返ったときに、美しい絵葉書を見るような気持ちで思い返せるように、一日一日を大切に生きてほしい」

作品に込めたのは、原作者のこんなメッセージです。

辻社長は全部で27作、メルヘン作品を書いています。本人曰く、その中でいちばん好きな話がこの『想い出を売る店』。ピューロランド30周年を控えるなか、『ちっちゃな英雄(ヒーロー)』の次はこの作品がふさわしいと思っていました。

とはいえこの作品、元々はラブストーリーです。

大人女子に喜んでもらえるイケメンミュージカル仕立てにするには、男性俳優を5人から7人登場させること、躍動感溢れる舞台にすること、女性役は出ないことなど、さまざまな課題があります。それらをパズルのように組み合わせなくてはいけなかったので、構成が決まるまでにはかなり時間がかかりました。

原作のメッセージはそのままに、笑いあり、涙あり、観客をワクワクさせる演出ありの作品にするには、どうすればいいか。

ストーリーを決めるだけで半年ほど費やしました。企画・制作担当者は、胃が痛い思いだったことでしょう。

一つのショーは、まさに「サンリオ＝聖なる河」をたくさんの人の夢、思い、努力、苦悩、協力が流れ来ることで完成します。そのプロセスに併走させてもらう経験を通じて、ピューロランドの底力を感じました。

スタッフの素晴らしいスキルと情熱。お互いに協力し合う体制も、日増しに醸成していました。そしてこの作品も、ピューロランドの黒字化やV字回復に大きく貢献してくれたのです。

ショーもパレードもですが、エンターテイメントのプロではない私にできるのは、お客様目線で感想を言うこと。

出来上がるまでの紆余曲折や社員の苦労を知っているだけに、感極まってしまうこともあります。しかし、そこはビジネスです。冷静に改善点を指摘することが、クオリティの高さと顧客満足度の向上につながります。

『想い出を売る店』を初めて見たときの感想は、「**とりあえず、よくまとまったなあ**」でした。いいものを作ろうという強い気持ちが、とても伝わってくる舞台でした。でも、もっとよくできるし、もっとピューロランドらしさを出せると思いました。

お客様と一緒に場の空気を作っていくのが、ショーや舞台が持つひとつの役割です。だからこそ、**一瞬一瞬に「興ざめポイント」がないかどうか、**細かくチェックしていきました。

「ちょっと間延びしている?」

「言っていることが聞き取れない」

「セリフの言い回しが不自然」

商品やポスターのトーン&マナーを揃えるのと同じです。舞台やショーで使う言葉がふさわしいかどうかは、作品の時代背景や全体の流れ、伝えたいメッセージなどによって異なるもの。そこに少しでもズレがあると、作品に入り込めなかったり、見ている途中で興ざめしてしまったりします。

だからこそ、一瞬一瞬に気を配り、細かく作り込むことが大切なのではないか。

私は演劇のプロではありません。ですので、一観客としての感覚を持っていることが、私のここでの役割です。**みんなが真剣勝負、心血を注いでいる舞台だからこそ、気づいたことを伝えないほうが失礼**だと思っています。

ハローキティのセリフに思いを託す

大人の女性たちにも好まれる「かわいい」はどれか。

それを明確に形にしたのが、2015年末にスタートした『Miracle Gift Parade（ミラクルギフトパレード）』（7ページ写真）。ピューロランドの25周年を飾るコンテンツでした。

メインパレードを一新するのは、前作の『Believe』以来、約8年ぶりのことでした。「かわいい」の世界観を衣装、振り付け、音楽と照明でここまで見せたのは、ピューロランドの歴史において大きな挑戦であり、みんなにとってひとつの大きな成功体験になりました。

初演から3年以上経った今でもこのパレードだけを見に訪れるお客様がいるほど、多くのファンが生まれました。何回、何十回見ても、いつも新鮮な感動があります。多くの方がそう言ってくださいますし、私もそうです。

このパレードも、ピューロランドのV字回復につながった貴重な財産の一つです。

企画・制作段階では、担当社員が総力を結集し、繰り返し見たくなるように構成を考えました。

パレードを作り上げるには、かなりの労力がかかります。しかも、ピューロランドは屋内型施設でスペースが限られることもあり、動線がとても複雑です。

テーマパークのパレードは、目の前を通り過ぎていくものが一般的です。ピューロランドの場合、館内の中央に「知恵の木」というシンボルがあり、その木の周りをぐるりと囲みながらパレードが進みます。**フォーメーションを相当練りこまないと、パレードとして成立しない**のです。

狭いスペースという悪条件がありながらも、屋内という強みを十分に活かすことで、むしろ世界観をしっかり作ることができます。**観客は「没入感」をたっぷりと味わえます。天候に左右されることなく予定通りに上演できて、どこから撮ってもインスタ映えする演出も可能**です。

担当したプロデューサーチームは、それぞれが「成功させねば」というプレッシャーのなかで時にぶつかり合い、とことん悩みながら初演ギリギリまで葛藤していたと思います。私はみんなの「お母さん」役。やりたいことを引き出して、みんなの枠を取り払い、のびのびと成長してもらうのが役目です。

これまでにないスケールの、過去最高のパレードを作り上げる。そのためには、アートディレクションを誰に依頼するのか。振り付けは、メーンテーマ曲は、そして肝心なメッセージは。ストーリーの構築からクリエイターのブッキング、オーディションの実施や衣装の製作に至るまで、担当スタッフたちは限りある予算の中で、苦悩と挑戦の日々を過ごしました。

制作段階では、日本のポップカルチャーを牽引する気鋭クリエイター陣の力をお借りしました。

アートディレクターには、きゃりーぱみゅぱみゅのライブ演出などで知られ、原宿の「カワイイ」カルチャーの牽引役ともされる、増田セバスチャンさんを起用。オープニングと参加楽曲の振り付けは、Perfumeの振り付けやライブ演出などに携わっている、演出振付家のＭＩＫＩＫＯさんにお願いしました。

そして、みんなが一緒に盛り上がれる参加楽曲の作詞・作曲を手がけたのは、ももいろクローバーＺなどの楽曲を手がけるアーティストのヒャダインさん。そうそうたる皆さんが、25周年を迎えるピューロランドとコラボレーションしてくれました。

こうして、スタッフの情熱で出来上がったのが『ミラクルギフトパレード』です。

テーマは、タイトルの通り「奇跡＝ミラクル」。

平和で美しい「いちご王国」で暮らす、いちごの王様。王様の願いは、みんなが思いやりのハートを持って、仲良く暮らすこと。そこに闇の女王が現れて……というストーリーになっています。

「かわいい」「なかよく」「思いやり」をビジュアルとストーリーに込めながら、キャラクターたちが歌やダンスを披露してくれます。天井からつるした布を使う空中パフォーマンスのエアリアルティシューや、華やかなフロート（キャラクターが乗る山車）も取り入れた、大人も子どもも楽しめるパレードに仕上がりました。

盛り上げ役として、「ミラクルハートライト」などの参加グッズも発売しました。LEDライトを搭載し、パレードの音楽やシーンに合わせて自動で光の色が変わります。お客様自身が光を生み出しているような気分になれる、体験型イルミネーショングッズです。まさに「みんななかよく」。お客様と一緒に作り上げるというコンセプトに合った仕掛けです。

パレードも、いち顧客としてどう思ったか、メッセージがはっきり伝わってくるかどうかを大切にしました。

皆が命がけで企画・制作していたのを間近で見続けていただけに、最初にリハーサルを見たときはさすがに感無量、涙が出ました。

「ピューロランドの底力はすごい」

鳥肌が立ったのを今でも覚えています。目一杯に「ピューロランドの今」を盛り込んだパレード。そのエネルギー量に圧倒されました。参加キャラクターの数が多いし、衣装はかわいいものでいっぱい。出演者も、常にアップテンポの曲に合わせて踊り続けています。

たとえば、ハローキティがゴンドラから降りてくるシーン。今までのパレードは、ハローキティが降りてくるときはダンサーがいったん動きを止め、手を差し出して待っているという構成でした。

今回のパレードは、ゴンドラがゆっくり下降する間も、出演者が常に踊っています。どこから見ても楽しめるように作り込まれているのが、このパレードの見所の一つでもあります。

一度観ると、また観たくなる。次は出演者の踊りをしっかり見たい。今度はあのキャラクターが見える場所に座ろう。作り手の深い思いが、「てんこ盛り」パレードにたくさん込められているのです。

出演者も、毎回これでもか！　というくらいのホスピタリティで、踊りはもちろん表情や視線にも、お客様に届けたいという熱い思いを込めて演じてくださっています。1階だけでなく、2階にも溢れるほどいっぱいに並んで観てくださるお客様一人ひとりに向かって。

そして、パレードを作り上げているのは出演者や企画のスタッフだけではありません。

安全に上演するための施設管理。ショーを時間通りに行うために、細かくチェックを繰り返す運営チーム。どこから観てもかわいい衣装を管理するコスチュームグループ。

みんなの力を結集して、感動のパレードができています。

どう表現したら、このエネルギーを文字で伝えられるでしょうか。つたない文章で台無しにしては申し訳ないと思いつつ、最高のスタッフ、最高の演者さんに、いつも感謝でいっぱいです。


このパレードでは、ハローキティのセリフに想いを込めました。


誰だって、暗い気持ちになることがある。光を見たくないときも。

思い出して、みんな。

いちごの王様は教えてくれたわ。

やさしさと思いやりの心があれば、

どんなときも、だれとでもなかよく助け合って生きて行けるって。
心はみんな一緒なの。私たちも女王も。
だから、闇の女王とも仲良くなれるって信じたいの。

パレードに出てくる闇の女王は、決して悪い存在ではありません。実は、誰もが持っている「人間の一面」なのです。

笑顔になれない、光を見たくない、元気になりたくてもなれない。そんなことは誰にでもある。みんなの人生にある一面を「闇の女王」として登場させているのです。その
ため、対立する相手を排除していくのではなく、「わかり合う」「待ちたい」「いつか、また笑顔になれることを信じたい」という流れでメッセージを伝えています。

「なかよく助け合って生きて行ける」という部分には、「他者と仲良く」と同時に、「**自分の中のネガティブな面を否定しないで。自分の可能性を信じて。自分と仲良くすることを忘れないで**」という願いも込めています。

30代の頃、私には笑顔とはまったく反対の、生きていることがつらかった時期があり

ました。だから、このシーンは毎回心に響きます。

もし今、当時の私のような思いを抱えてこのパレードをご覧になる方がいらしたら、光を見られる日がいつか必ずくることを感じていただけたら、と思います。

おかげさまで、多くの人の力を結集して作り上げたミラクルギフトパレードは、たくさんのお客様に愛され、大人女子のリピート客増加にもつながりました。

ピューロランドのV字回復を支えてくれたもの。それは間違いなく、熱い思いで取り組んでくれたスタッフ、ピューロランドに協力してくださったプロのクリエイターの皆さんの力、そして受け入れてくださったお客様のおかげです。

キャラクターのビジュアルは「メイキング感」が大事

ターゲットを見直してから、ポスターやプロモーション用のビジュアルの方向性も大きく変えました。

意識したのはストーリー性です。

たとえばポスター用の写真の絵作り。それまでは、ポスターのためにハローキティなどキャラクターが正面を向いて、「はい、ポーズ！」というパターンでした。これを、キャラクターたちが日常で会話しているようなビジュアルにしたのです。

仕事をしている現場では、キャラクターたちのいろいろな場面に遭遇します。キャラクターたちはいつも、自然に関わり合い、会話し合い、とても楽しそうで、私たちの目はくぎ付けになってしまうのです。

キャラクターは私たちが思っている以上に、お客様にとって身近な存在。そう確信するにつれて、キャラクターたちが自然に楽しんでいる様子や、キャラクターたちが作り出す世界観をお伝えすることでライブ感が生まれ、お客様に彼らの魅力を訴求できると考えました。

「**メイキング**」**のようなイメージ**に近いかもしれません。

たった1枚の画像でも、キャラクターたちの楽しそうなおしゃべりが聞こえるようなものだと、伝わる熱量が断然高まります。今では、スタッフがみんなで、かわいい構成を考えています。

「子どもが行く場所じゃなかったの？」と思ってもらえたら成功

「ピューロランドは自分たち向けの場所だ」

そう思ってもらうには、一瞬でそれとわかるインパクトのあるイベントやプロモーションを仕掛けることが大切です。

たとえば「オールナイト」。この言葉だけで明らかに、ターゲットは子ども連れのご家族ではないとわかります。

「ピューロランドは、子どもが行く場所じゃなかったの？」

そう意外に思ってもらえれば成功です。意外性が大きいほどインパクトが強くなり、若い人たちの興味や関心を引くことができます。

ピューロランドが初めてオールナイトイベントを取り入れたのは、2014年秋のハロウィーンシーズンのことです。これも元々、企画・制作部のイベントプロデューサーたちから出てきたアイデアでした。

題して「PINK sensation」。ピューロランドと野外音楽フェスティバル「TAICOCLUB」のコラボレーション企画です。人気ＤＪなど、気鋭のアーティストが集まる音楽イベントで、クラブでもない、フェスでもない〝仮装パーティー〟という独特の立ち位置が「新しい」と受け止められました。

ちなみに、２０１８年からは音楽事務所「メロディフェア」様とタッグを組んで、新しくオールナイトハロウィーンパーティ「SPOOKY PUMPKIN 2018 ～ PURO ALL NIGHT HALLOWEEN PARTY～」を始めました。DJ HELLO KITTYはもちろん、スチャダラパーさんやSKY-HIさんなど、豪華なゲストが登場してくれました。

当日は、ハロウィーンの衣装やサンリオキャラクターのコスプレをした若い女性のほか、男性の姿も目立ちました。今までピューロランドに足を運ぶことがなかった人たちが来場するきっかけになったのです。

売り上げを伸ばすには、来場者数を増やすことはマストです。

そのための戦略の一つが、**時間帯別にターゲット層を変える**ことです。お昼は子ども連れのファミリー、夕方から夜は大人の男女と、時間帯によって異なるターゲットを取り込める仕掛けは、試す価値があります。

わかりやすい例が、2016年のハロウィーンです。

この年のハロウィーンのテーマは「パーティ」。お昼は「ハロウィーンパーティタイム」と称して、アトラクション「レディキティハウス」ではハローキティのおじいちゃんやおばあちゃん、パパ、ママが特別出演しました。

夜の「ナイトパーティタイム」では一転、ゴーストキティとヴァンパイアキティという、普段見ることができない、ちょっとシュールなハローキティが登場。若い男女がたくさん来場してくれて、会場は大盛り上がりでした。

ちなみに2017年からは、ハロウィーン期間中の平日は営業時間を通常より1時間延長し、18時まで開園しています。お昼過ぎからでも「行こうかな」と思ってくれる人を増やすためです。

「怖め」のイベントにも挑戦しました。

最近、話題になったのは2018年のハロウィーンです。

「ピューロランドのハロウィーンが、ガチで怖すぎる……！」

ネット上でかなり取り上げられました。ちょっとやりすぎたかもしれませんが……。

この年のテーマは、「ハロウィーンロック」。こちらも昼の「ＤＡＹ ＴＩＭＥ～パリピタイム～」と夜の「ＮＩＧＨＴ ＴＩＭＥ～ホラピタイム～」に分けました。

パリピタイムには、ハロウィーンコスチュームに身をまとったキャラクターとのグリーティングやハロウィーン特注のフォトスポットを設けるなど、主にご家族連れが楽しめるコンテンツを揃えました。

一方、ホラピタイムは年齢制限ありの絶叫系コンテンツを用意しました。東京・方南町にあるお化け屋敷「オバケン」様とコラボし、「サンリオキャラクターボートライド」は「暗闇のサンリオキャラクターボートライド」に変身。土日は「ゴーストピエロのスニーキングホラーハウス」という、ミッションクリア型の絶叫コンテンツにも挑戦しました。

絶叫系のイベントをやっている期間は、20歳前後の男女の来場者が増えました。その世代は一度、キャラクター離れする層です。この方たちに再びサンリオの世界観に触れてもらうことで、ピューロランドの顧客層が厚くなりました。

意外性のあるイベントといえば、2017年に開催した「**シナモロールのおとこまつり**」もその一つです。ピューロランドのイベントなのに、なんと参加者は男性限定。スタッフもMCもすべて男性です。

参加費は1万3000円と高額でしたが、チケットは完売。当日は52人のシナモロールファンの男性たちが、「シナモンのおしゃれなぶっかけめし」などを食べながら、誕生15周年のシナモロールをお祝いしてくれました。

新たなターゲット層を開拓するには、刺激的な仕掛けは時々やったほうがいいと思います。「**男祭り、女人禁制！**」と打ち出したイベントを1回実施したことで、「**ピューロランドで男だけってアリなの？**」と、強烈なメッセージを届けることができました。

このようなアイデアが生まれるのは、キャラクターたちの魅力をより多くの方に伝えたいという思いと、日頃からそのキャラクターにどんな可能性があるかを常に考え、感じながら企画を考える担当スタッフのセンスが卓越しているからだと実感しました。

オールナイトイベントも絶叫系コンテンツも元々、社員が内に秘めていた発想でした。私がピューロランドに着任したからできたというわけではありません。担当スタッフは、新たなチャレンジをするのにとても勇気が必要だったと思います。

「ピューロランドらしくない」と言われたこともありました。でも、結果的にターゲット層を広げられて、目指していた**「大人にも楽しめるピューロランド」**のイメージを作ることができました。素晴らしい挑戦だったと思います。

私は「前例がない」という言葉が嫌いです。現状を打開するには、前例がないことにこそ挑戦する価値があります。

オールナイトにしても絶叫系にしても、男祭りにしても、実行に移すには、越えなくてはいけないハードルがいくつもありました。入念に準備しないと、トラブルに発展する可能性もあります。

でも、課題は常に一つひとつクリアしていけばいいのです。

「面白いことをやろう」

「ワクワクしていなきゃ仕事じゃない」

事あるたびに、私は社員にそう言っています。これからも、ときにハラハラするかもしれませんが、みんなでワクワクを忘れずにチャレンジする組織でありたいと思います。

オリジナルキャラクターは強力なIP

テーマパークに欠かせないのが、シーズンごとのイベントです。

「ハロウィーンは何をやるんだろう」

「クリスマスはどうなるんだろう」

常にワクワクしてもらえる仕掛けづくりが、お客様の来場動機やリピーター獲得につながります。

しかも私たちの強みは、豪華なキャラクター陣がそろっていること。**シーズンやイベントと相性がいいキャラクターが、たくさんいる**のです。

たとえば、２０１７年から始めたイースターのイベントです。

春先はイベントが少なく、テーマパークには苦しい時期にあたります。しかし数年前から、日本でもイースターが盛り上がりを見せ始めていました。

イースターといえば、ウサギと卵。ピューロランドにとって、親和性の高いテーマです。ウサギはマイメロディとピューロランド限定キャラクターのウィッシュミーメル、卵はツイッターフォロワー数１００万人超を誇る人気キャラクター、ぐでたまがいますから。

こういうとき、個性豊かなキャラクターが集まっていると本当にやりやすい。ちなみに七夕にはリトルツインスターズ（キキ&ララ）、梅雨の時期には、けろけろけろっぴがいます。

オリジナルキャラクターという強力なＩＰ（無形の知的財産）がたくさんあり、今やキャラクターがアイドルやアーティスト同様、多くの方の憧れであり、癒やしや趣味の対象になっています。本当にありがたいことです。キャラクターに会えるテーマパークとして、新しくできそうな企画はたくさんあります。

「こうしなきゃもったいない」と思っていたことが、次々と実現しています。スタッフの思いが結実し、お客様にも喜んでいただけて、幸せな仕事だと感謝でいっぱいです。

三世代、インバウンドも呼び込んだ「ＫＡＷＡＩＩ ＫＡＢＵＫＩ〜ハローキティ一座の桃太郎〜」

「史上初！　ハローキティが見得を切った！」

２０１８年３月、万を持してスタートしたコンテンツ。それが、歌舞伎を取り入れた新作ミュージカル「ＫＡＷＡＩＩ　ＫＡＢＵＫＩ〜ハローキティ一座の桃太郎〜」です（7ページ写真）。

「ピューロランドが、なぜ歌舞伎？」

発表会当日、たくさんの人に意外性をもって受け止められた、サンリオキャラクターの「ＫＡＷＡＩＩ」と日本の伝統芸能である歌舞伎のコラボレーション。松竹株式会社様の全面監修で実現した異色のコラボは、私にとっても、いい意味で想定外でした。

脚本・演出・作詞は、「スーパー歌舞伎」を手掛けてきた横内謙介さん。ワンピース歌舞伎などでお忙しい中、快く引き受けてくださいました。歌舞伎の演技指導は市川笑三郎さんが担当。中村獅童さんは声で、坂東巳之助さんは映像で出演。この演目のためにシアターをリニューアルし、プロジェクションマッピングも導入して、豪華なコンテンツになりました。

「和物に挑戦する」というアイデアは、私が着任する前から企画担当者たちのなかにあったようです。

でも正直に言うと私は、ヒットするイメージが湧くまでに少し時間がかかりました。着任当時、メルヘンシアターでは『不思議の国のハローキティ』という、宝塚歌劇団スタッフが手掛けたミュージカルショーを上演していました。家族愛に気づかせてくれる、ピューロランドらしい、愛に溢れる作品でした。しかし、さすがに6年以上続けていたので、次の作品について話し合いが始まっていました。

そのとき出たアイデアは主に3つありました。シェイクスピア作品と、辻社長原作のメルヘン小説をベースにしたもの、そして和物コンテンツの案です。

私はシェイクスピアを推していました。サンリオキャラクターと和物との融合にピンとこなかったのと、和物はお金がかかるから難しいのではないかと思ったからです。

キャラクターに着物を着せるのは簡単ではありません。和物の中でも歌舞伎となると、さらにハードルが上がります。松竹様が受けてくださるとも到底思えませんでした。

それでも最終的に「これでいこう」と思ったのは、現場の熱意に押されたからでした。**ピューロランドのお母さん役として、やりたいという強い気持ちを受け止めたかった**のです。社員と話をするうちに、「**新しいからこそ挑戦する価値がある**」という気持ちも高まっていきました。

そして、ピューロランドはもともと松竹衣裳様とお付き合いがありました。松竹様は、「日本人にも、もっと歌舞伎に親しんでほしい」という強い思いをお持ちでした。中村獅童さんがニコニコ超会議で初音ミクと共演する「超歌舞伎」を上演するなど、先進的なことを手掛けていらしたのもこの頃です。


ありがたいことに、松竹様はサンリオキャラクターが歌舞伎を演じることに賛同してくださいました。多くの方のご尽力のおかげで実現の目処が立ち、私たちはサンリオ本社の辻社長にプレゼンに行きました。

「**歌舞伎？　今の若い人たちはよく知らないよ。そういう人たちに対して、歌舞伎をやるのは大変だよ**」

実は、辻社長は常磐津や長唄、清元といった伝統芸能に造詣が深い方です。だからこその苦言でした。ごもっともなご指摘ばかりでしたが、「2020年に向けて海外ゲストが増えることを考えると、インバウンド戦略にもなります」とお伝えし、最終的にゴーサインを出してもらいました。

松竹様が後押ししてくださったことと、新しいことに挑戦したい気持ちとが合わさって、ハローキティが見得を切る姿は現実味を帯びていったのです。

しかし、いざ歌舞伎で行こうと決まっても演目をどうするか、皆で悩みました。子どもも大人も楽しめて、海外のお客様にも伝わりやすいストーリーは何か。誰でも知っているお話のほうが、みんながすっと入り込めそうです。

いろんな案が出たなかで、最終的に桃太郎に決まりました。この有名なお話をどうアレンジし、どんなメッセージを込めるかが、ピューロランドのコンテンツとして大事なポイントになります。

歌舞伎のストーリーについて私がお願いしたのは、「みんななかよく」というサンリオの価値観をわかりやすく打ち出すことです。**見た目や生まれ育った場所が違っても、**

最後はみんな仲良くできる。「ＫＡＷＡＩＩ ＫＡＢＵＫＩ～ハローキティ一座の桃太郎～」では、何よりそのことを伝えたいと思いました。

人って、ときに残酷です。仲良くなりたい気持ちがないわけではないけれど、見た目が自分とちょっと違うと、最初は拒絶したり、距離を保とうとしたり、果てには攻撃したりしてしまうことがあります。

けれど、コミュニケーションを取り、お互いを知っていけば打ち解けられるし、共通点があれば親近感が持てる。同じ夢を持っているならなおさらです。ピューロランドでお届けする桃太郎には、そんなメッセージを盛り込みたかったのです。**違いを乗り越えて仲良くなろう。みんなで夢を応援し合おう。笑顔になればもっと楽しいよ**、と。

劇中のセリフや歌には、これらの思いを載せていただきました。

私たちなら　変えてゆける　乗り越えてゆける

リボンみたいに結ばれた心　目には見えないけれど　未来につないで守る宝物

ボクたちはみんなデコボコで　同じじゃない　でもそれこそパワー
それぞれの命　その奥にあふれる優しさ　きっと気付くから
世界が笑顔に包まれる　明日を創ろう
夢見る心ひとつに重ねて　つなぐ愛のリボンを　今　結ぼう！

「こころのつながり」より

お披露目会で、この歌を聞いたときは思わず涙が溢れました。
松竹様とのコラボレーションも、サンリオキャラクターと歌舞伎の融合も、社員が部署や立場を超えて記憶に残るコンテンツを作っていく過程も、すべてがまさしく「みんななかよく」のダイバーシティ。想像以上、期待以上にメッセージ性の高い作品が出来上がりました。

ちなみに一つだけ裏話を。

舞台の終盤で、鬼ゴロウが鬼の仲間と踊るシーンがあるのですが、そのときに舞台の袖で、バッドばつ丸がいつもシナモロールにちょっかいを出しているんです。それが超かわいいのです！

毎回、少し違う動作なのでアドリブだと思うのですが、「ばつ丸だったらそれ、やるよね」と。サンリオのキャラクターそれぞれの個性がうまく生かされた、かわいくてあたたかい舞台になりました。


総力を挙げて作り上げたこのショーは平日1日2〜4回、土日は5〜7回上演しています。おかげさまで開幕以来、国籍や性別問わずたくさんの方にお越しいただき、連日の満員御礼です。

歌舞伎の衣裳で見得や大立ち回りなどを披露するハローキティに、客席からは「キティ!!」と大向こう（掛け声）が生まれます。ミラクルギフトパレードと同じく、会場を訪れたお客様が一緒になって劇場を盛り上げる、参加型エンターテイメントショーに仕上がりました。

上演を始めて1年。いつか来る千穐楽（せんしゅうらく）の日を考えると、早くも切ない気持ちです。

屋内型テーマパークの強みは「没入感」にある

ピューロランドは屋内型テーマパークです。スペースが限られるなどのデメリットはありますが、屋内型だからこそできることも、たくさんあります。

たとえば、2017年にスタートした『ハローキティ イルミネーション「SPARKLE!!」』（7ページ写真）。ピューロビレッジと呼ばれるパブリックスペース全体を使った、所要時間約10分のイルミネーションショーです。イルミネーションに使う発光ダイオードの数は50万球で、屋内型施設としては国内最大の規模を誇ります。

内容は、ピンクとシルバーのキラキラと輝く衣装を身にまとったハローキティが、ポップな曲に合わせてダンスを踊るというものです。ハローキティの動きや曲に合わせて、約50万個のイルミネーションが点灯したりする、とても幻想的なコンテンツになっています。

企画の発端は、「**お客様が、並ばなくても楽しめるものを増やしたい**」という思いでした。

『ちっちゃな英雄（ヒーロー）』や『KAWAII KABUKI～ハローキティ一座の桃太郎～』など、シアターを使ったコンテンツはおかげさまで満員御礼の状態が続いています。しかし、シアターの難点は動員数に限界があること。ミュージカルにしても、1回あたりのキャパシティは約300人に限られます。一日に5回上演しても、楽しんでいただけるお客様の数は1500人ほどです。

せっかくお越しいただいたのに、混雑していてショーを見ることができなかったとなると、お客様に申し訳ない。とはいえ、シアターを増やすことも、そう簡単にはできません。

今の施設を生かしつつ、お客様がどこからでも楽しめるコンテンツをつくりたい。みんながそう思ってたどり着いた一つの答えが、館内の空中スペースを活用すること。ハローキティがゴンドラに乗ってショーを行う『SPARKLE!!』は、こうして生まれました。少し高い位置で行うので、どの角度からでもハローキティとイルミネーションの融合を楽しむことができます。

『SPARKLE!!』でハローキティが歌う曲には、**ダイバーシティへの思い**を込めました。

みんなのハートが　ほら　こんなに輝いてる
いつまでも消えない　あざやかな光
瞳を閉じても　ほら　見えるでしょう
あふれだす光　みんなにふりそそぐ
好きな色がまた　ふえてくの

人それぞれのカラー
たくさんのきれいなカラー
この場所で出会ったら
いつもの自分とは違う
新しい色に着替えよう

色とりどりのカラー
みんなの数だけのカラー
この場所で出会ったら
世界をもっと素敵に
輝かせる魔法を始めよう

「ヒーリングイルミネーション」より

SPARKLE!!上演中のお客様の様子はとても特徴的です。目をキラキラさせながら、まるでお祈りするかのように、両手を胸の前で組んで見ている大人女子が多いのです。

この姿を見て、「ショーは成功だな」と思いました。「没入感がある」と。

毎日雪を降らせることも、数多くのイルミネーションを配置できるのも、音を響かせられるのも屋内型施設だからこそ。今ある環境を、どう生かすか。すべてはアイデア次第です。

進化し続けるデジタル技術を使って、想定外のエンターテイメントを生み出せる時代。この先、どんな新しいことができるかワクワクしています。

「食べたい」「撮りたい」キャラクターメニュー

テーマパークの魅力として、忘れてはならないのが飲食です。

水色やピンクのカレー。ぐでたまが載ったローストビーフ丼。かわいくて、ちょっとビックリするような見た目のキャラクターメニューたち（2〜5ページ写真）。**ピューロランドのレストランで意識しているのは「インスタ映え」です。**

F1層イコール、SNS世代です。大人女子を取り込むうえで、ビジュアル力は欠かせません。今でこそSNS映えするメニューで知られるピューロランドですが、数年前までは動員数の低迷でコスト削減を余儀なくされ、食材の回転率も厳しかったため、なかなかメニューを工夫できていませんでした。

何度も言いますが、現場スタッフの責任ではありません。私が言うまでもなく、スタッフもたくさんの課題があることに気づいていました。

私が就任したときには、レストラン部門のアイデアもすでに整理されていました。4つある飲食スペースの機能をはっきりさせ、各レストランのターゲット層や役割を見直しました。**機能分けすることで初めて、具体的にどんなメニューを用意するべきかや、空間の作り方が見えてきます。**

まずは1階にある、約520席の「キャラクターフードコート」。ここはお腹を満たすことを主軸に据えて、日本人が大好きなカレーやラーメンなど、ささっと食べられるフードコートらしいメニューを揃えつつ、キャラクター色を出すことに成功しました。

人気なのはやはり、カレーのイメージを覆す色をしたキャラクターカレーたち。**シナモロールをイメージしたカレーはルーが水色、マイメロディをイメージしたカレーはルーがピンク色です。**

どのカレーもキャラクターをモチーフにした凝った作りで、見た目にも味的にも、お客様にご満足いただいています。「食の安全」を最優先しつつ、野菜で鮮やかな色を出す工夫。最中やはんぺん、海苔などでキャラクターのモチーフをかわいく仕上げるアイデア。それを日々、短時間で作り上げる練習。インスタ映えしておいしいメニューの数々は、レストランスタッフと企画の部署の担当スタッフが協力し、努力を重ねた結果です。ピューロランドのV字回復にも大きく貢献したコンテンツとなりました。

次に、4階にある「サンリオレインボーワールドレストラン」(8ページ写真)。虹(レインボー)をテーマにしたキュートな内装で、約350席あります。老朽化が進んでいたため、内装などをガラリと作り変え、2016年にリニューアルオープンしました。

当初はパスタ、オムライスなどテーマパークで需要が高いメニューを温かくおいしく召し上がっていただくことを意識しましたが、「**ピューロランドでしか味わえないメニューを楽しみたい**」というお客様の声を受けて、リニューアルから約1年後の2017年12月から、SNS映えするメニューを増やしました。

メニューに驚きや楽しさがあると、お客様が拡散してくださいます。「ピューロランドに行くと、面白いメニューを味わえる」。今や、フードメニューも来場動機につながっています。

ちなみに、一番人気は「ぐでたまのローストビーフ丼」です。ローストビーフを贅沢に使った一品で、一番上に、卵の黄身でできたぐでたまのモチーフが載っています。食べる前にスマホで写真を撮るお客様の姿が目立ちます。

ピューロランドのレストランで高価格帯なのが、4階にある「館のレストラン」（9ページ写真）です。1990年以来、ビュッフェ形式のレストランとして人気を集めてきましたが、よりコンセプトを明確化しようと2019年4月にリニューアルしました。テーマは「**キャラクターに会えるレストラン**」。深みのある緑や茶色を使った落ち着いた色味のコスチュームに身を包んだハローキティやシナモロール、ポムポムプリンといった人気キャラクターがお客様をおもてなしします。施設内もシックなデザインに一新し、全体的にかわいいピューロランドではちょっと異色の、大人っぽい雰囲気にしました。

料理はリニューアル前と同じ、ビュッフェスタイルです。特製のローストチキンやローストポーク、牛タンシチュー、こだわりのクラムチャウダー、至福のアップルパイなど40種類のメニューを楽しむことができます。お客様はお食事しながら、キャラクターとの触れ合いを楽しんでいます。

残りの1つが、4階にある「シナモロールドリームカフェ」です。気軽に立ち寄れるカフェスタイルの店舗で、シナモロールをモチーフにしたスイーツやドリンク、シーズンイベントと連動したスイーツメニューを提供しています。

エイプリルフールのツイートから生まれた「品川紋次郎」

この数年で誕生したヒットのなかで、忘れてはならないのが「品川紋次郎」です。品川紋次郎とは、シナモロールに姿形がそっくりな、袴を着たさすらいの浪人キャラクターです（10ページ写真）。ちょんまげを結い、お団子の脇差しを持ち、頭には「紋」の文字が書かれた湯飲みが載っていて、その存在は謎に包まれています。

事の発端は、2014年のエイプリルフールにさかのぼります。

「ぼくの本名は品川紋次郎（しながわもんじろう）／（o・∀・o）／」

シナモロール公式ツイッターに突如、こんな言葉と、侍の姿をしたシナモロールそっくりのイラストが投稿されました。この投稿はあっという間に拡散され、リツイートの回数は1万件に届く勢いを見せるなど、大注目を集めました。

人気者となった品川紋次郎は、その後もたびたび公式ツイッターに姿を現しました。しかし、サンリオ本社では商品化の予定はなさそう。そこで、**「先駆けてピューロランドでやろう」**となったのです。

折しもピューロランドでは、2017年のシナモロール15周年に向けた企画を練るところでした。4階にグッズ売り場を設けることはほぼ決まっていましたが、せっかくだからピューロランドならではの売りになるコンテンツを用意したい。

そこに、品川紋次郎という、またとないキャラクターが名乗りを上げたわけです。

「いっそのこと、ここを品川紋次郎の売り場にしよう！」

2017年初旬、ピューロランドに「シナモロールふわもこタウン」をオープン。同じタイミングで、シナモロールにそっくりな品川紋次郎のライブキャラクターを登場させました。

店頭ではマスコットやクリアファイル、タオル、付箋メモなど、ピューロランド限定の品川紋次郎グッズを販売しました。

「ピューロランドに行かないと手に入らない」というレア感を全面に出したことで、シ

ナモロールファンを中心に、品川紋次郎グッズは爆発的にヒットしました。

品川紋次郎の商品を買うために、販売初日は長い行列ができたほどでした。「**グッズが来場動機になる**」という、ピューロランドでは願ってもみなかった、ありがたい状況が生まれたのです。

もう一つ、ピューロランドが生み出した大ヒットが、「**シナモロール×ウィッシュミーメル**」です（10ページ写真）。

ピューロランドのオリジナルキャラクター・ウィッシュミーメルは、品川紋次郎と同じく、当時はピューロランドにしかいないキャラクターでした。

ご存じない方のために、メルについて少しご紹介しましょう。

ウィッシュミーメルは、メルシーヒルズからピューロランドにやってきたウサギの女の子です。メルシーヒルズに留学した直後に尻尾が虹色に変わってしまい、それが原因で引きこもりになります。しかし、大切なルッツ先輩から郵便配達の仕事を引き継ぎ、今はピューロランドで郵便スタッフをしている……というストーリーです。

初めてこの話を聞いたときから、私は「今の若い人たちが共感してくれるキャラクターでは」と思っていました。今でこそミラクルギフトパレードに登場するなど、ピューロランドに欠かせない存在のメルですが、当時はマイナーなキャラクターでした。しかし個人的な思い入れもあり、「なんとかして、メルをもっと有名にしたい」と強く願っていたのです。

でも、既存キャラクターの知名度を上げるのは、そう簡単ではありません。「拡散力があるタレントさんとコラボすればいいのでは」といった発想も浮かびましたが、私はこう思いました。「**うちにたくさんタレントがいるじゃない**」と。

ここから、人気キャラクターとのコラボレーション戦略は始まりました。

とはいえ、キャラクターにはそれぞれ独自の世界観があります。メルと世界観が合うキャラクターは何だろう。

キャラクターの色使いや、まとっている雰囲気。いろいろ考えた結果、「シナモロールに応援してもらうのがいい」と結論を出しました。シナモロールは「サンリオキャラクター大賞」で1位に輝くほどの人気を誇る、サンリオの売れっ子キャラクターです。しかも色味がパステル調で、メルが持つ世界観と違和感なく溶け込みそうです。

しかし、ピューロランドはもちろんサンリオ本社でも、「オールキャラ」という複数のキャラクターたちが一つの絵に収まるシリーズや、ハローキティのファミリーのようにキャラクターの世界観の中でのコラボはあっても、特定のキャラクター同士のコラボをしたことはほとんどありません。それに、サンリオグッズをお買い求めのお客様にはそれぞれ、ご贔屓のキャラクターがあります。

コラボが「あり」かどうかは、お客様に聞いてみよう。

そう判断した私たちは、ピューロランドのファンの方にグループインタビューを開催しました。

「キャラクター同士のコラボはどう思いますか？」

そう聞いたら、みなさんは「ありだと思う」と、予想以上に好意的です。そこで「どのキャラクターのコラボ商品がいいですか」と質問したところ、多くのお客様から「シナモロールとウィッシュミーメル」という返事が返ってきました。

しかし、キャラクターの作者であるデザイナーの意向がノーだったら、実現は不可能です。早速、デザイナーの方にコラボ案を受けていただけるか確認しました。すると、「ぜひやってみたい」と言ってくださったのです。

お客様も好意的、デザイナーもＯＫ。これはもう、具体化しない理由はありません。

1カ月後、アイデアラフが上がってきました。シナモロールが、**ピューロランドでしか買えないウィッシュミーメルのぬいぐるみ「メルメルドール」**（現在は一部オンラインでも販売中）を抱っこしているデザインでした。

「これ、胸がぎゅっと苦しくなるくらい、すごくかわいい！」

その瞬間、私を含め社内の女子社員たちから歓声が上がりました。

こうして2017年10月、カテゴリーが異なるキャラクター同士のコラボグッズ「シナモロール×ウィッシュミーメル」が誕生しました。

「ウィッシュミーメルがシナモロールに、メルメルドールをプレゼントした」というストーリーの元、ぬいぐるみにマグカップ、タオル、ボールペン、メモ帳。立体から平物まで10アイテム、全16種類のコラボグッズを発売しました。グッズには、シナモロールがメルメルドールと一緒に昼寝している姿や、ぎゅっと抱きしめている姿など、さまざまなシーンが描かれています。

コラボ企画はまさに大成功。仕掛けた私たちが驚くほど売れました。

特に印象的だったのが、初動の売れ行きの良さです。このグッズを買うために来場したお客様は入場後、真っ先にショップに向かわれます。その様子を見ていて、品川紋次郎のときと同じく、**限定グッズはお客様をピューロランドに引き寄せる強力なコンテンツになる**と改めて実感しました。

このヒットも後押しになり、2018年4月には念願のウィッシュミーメルオリジナルショップ「メルメルショップ」をオープン。ベビーピンクをベースに、パステル調の黄色や水色、紫などを取り入れた「**ゆめかわいい**」空間には、シナモロールのファンも含め、大勢の方が足を運んでくださいます。

店舗があることで、企業としては積極的に限定商品を手掛けたり、プロモーションをかけたりするようになります。「ウィッシュミーメルをメジャーにする」という夢が、一歩ずつではありますが、着実に叶いつつあります。

2020年はウィッシュミーメルの誕生10周年。お客様へ、ウィッシュミーメルを育てていただいていることへの感謝をお伝えできるような仕掛けを実現したいと考えています。

カチューシャはピューロランドの「ドレスコード」

「**軽めのコスプレ**」は、お客様がテーマパークの世界観に入り込み、非日常を味わうときに欠かせないキーワードのひとつです。

初めてピューロランドに来ると、老若男女問わず多くの方がカチューシャをしているので驚く人は少なくありません。

カチューシャは前からあった商品ですが、この2、3年で爆発的にヒットしました。来場されたお客様が上げるインスタの写真を見ると、皆さんほとんどカチューシャをされています。いつの間にかドレスコードのようになっているという印象です。

カチューシャをドレスコードにするべく、運営側も工夫を凝らしています。その一つが、売り場の位置を変えたこと。

以前は、カチューシャが欲しければショップの中まで行く必要がありました。でも、**お客様はピューロランドに入った瞬間、カチューシャを着けている他のお客様の姿を見**

て、「自分も買いたい」と思うはず。その商機を逃してはもったいない。

そこで、ピューロランドに入ってすぐ右にあるお土産ショップに、カチューシャの棚を設けたのです。

これが効果てきめんでした。来場したらまず、カチューシャを買って着ける。そして、館内で非日常を楽しむ。男女ともに、これが当たり前の光景になりつつあります。

コスプレではありませんが、手首にも着けられるシュシュや、先端に星がついたコンペイトウスティックも売れています。星が見えるようにバッグに挿して持ち歩くとかわいいというのが、人気の理由のようです。思いがけない使い道を、お客様から教えていただきました。

こういった身に着けるグッズなどのアイデアもすべて、基本的に現場スタッフから出てきます。次は何が当たるのかを考え、商品に落とし込む。社員もアルバイトも日々、楽しみながら次のヒットを模索しています。

社内のデジタルアレルギーを払拭した「ちゃんりおメーカー」

２０１４年以降、デジタル化へと大きく舵を切った分野があります。プロモーションです。

着任当初、ピューロランドの宣伝手法はチラシ、紙媒体の広告、交通広告などが主流でした。毎年、夏に向けてテレビＣＭも放映していましたが、思うような集客に結びついていませんでした。特に、主要顧客層として取り込みたい大人女子は、テレビよりネットやスマホに触れる時間のほうがはるかに長くなってきた時代です。

費用対効果を考えても、このままテレビＣＭを続けていていいのだろうか。

多くの役員の答えは「ノー」でした。とはいえ、デジタルに振り切ることへは半信半疑の面もありました。

そんななか、**「詳しくないから、デジタルは苦手」という意識があった私たちのデジタルアレルギーを払拭する出来事がありました。「ちゃんりおメーカー」の導入です。**

ちゃんりおメーカーは顔の輪郭や目、鼻、口、洋服やアクセサリーなどを好きなように組み合わせ、自分に似たオリジナルのキャラクター・ちゃんりおを作れるオンラインサービスのことです。作ったちゃんりおは、SNSのアイコンにも使えます。ちゃんりおのQRコードをピューロランド内の専用端末にかざせば、自分のアバターがバーチャルパレードに参加することもできました。

初めてアイデアを聞いたときは純粋に、「面白いな」と思いました。集客に結びつくかは半信半疑でしたが、今までにない取り組みです。

ところが、これが予想もしていなかった展開を見せます。**サービスを開始するやいなや、あっという間に話題沸騰となったのです。**

公開から1週間で、利用者は200万人近くに。最初の1カ月で900万人を突破しました。当初は期間限定のつもりでしたが、急遽、導入期間を延長。当時、AKB48のメンバーだった高橋みなみさんが、このサービスでメンバーのキャラクターを作ったことも注目を集め、最終的な利用者数はのべ2000万人以上にのぼりました。

ちゃんりおによる来場客数は、実のところ期待値よりは低かったのですが、**社内のデ**

ジタルに対する意識を一変させたという意味での貢献は、想定外に大きかったと考えています。

私自身、それまで「ＳＮＳは情報の拡散力が高い」と聞いてもどこかピンと来ていませんでした。しかし、ちゃんりおメーカーの勢いは凄まじいものでした。利用者数の増え方が倍々どころではありません。あっという間に、1万人が10万人、１００万人になるのです。「**拡散するとは、こういうことなのか**」と肌身で感じました。

今、多くの会社がデジタルトランスフォーメーションの必要に迫られ、その推進を阻むものの一つに「社内の意識改革が進まない」点が挙げられます。

ピューロランドでは、誰かが頑張ってデジタル化を推進するという手間を、ちゃんりおがさらりとやってくれたわけです。

デジタルマーケティングの良さは、消費者の動向をすぐにデータ化して見られることです。

どの言葉が跳ねたのか。どの時間帯に反響があるのか。プロモーションの効果が、半年後ではなく翌週にはわかります。すぐにフィードバックを得られるので、続けるかどうか、次の手を打つべきかなど、判断がしやすい。しかも低コスト。シーズンごとにさまざまな仕掛けが必要なテーマパークにとって、これほどありがたいものはありません。

テストマーケティングがしやすいのも魅力です。

社員が「やってみたい」ということをお試しで実現してみて、結果をデータで確認します。すると、お客様に受け入れられたポイントや改善点が具体的に見えて、本人も勉強になるし、次の戦略も考えやすくなります。施策のスピード化を図れるようになったことは、ピューロランドにとって大きな追い風です。

しかし一方で、アナログだからこそわかる情報も、たくさんあります。

私はよくピューロランド館内を歩き回って、お客様の様子をチェックします。ある商品がよく売れていたというデータが出ても、お客様がどんな気持ちで買っているのか、楽しんでいるのかは、実際に見てみないとわかりません。

たとえば、先ほどお伝えしたコンペイトウスティックです。よく売れているとデータ上では理解できても、なぜなのかは謎でした。

しかし館内のお客様を見てみると、バッグから星の部分を出して持ち歩いています。

そこで初めて、「アクセサリー感覚でご活用いただいているのだな」と理解できるわけです。

カテゴリーはお菓子でも、お客様にとっては身に着けグッズ。そうわかれば、新たな方向性で企画を進められる。お客様のアナログな情報から、商品の機能は一つじゃないと学ばせていただきました。

パレードにしても、お客様は笑顔で見ているのか。潤んだ目で見ているのか。真剣な眼差しなのか。憧れに近い表情なのか。ライブキャラクターとの距離感はどうか。**お客様の様子を見るからこそわかる。ここがテーマパークの面白さでもあります。**

余談ですが（感動的な余談ですが）、『ミラクルギフトパレード』をお客様の後ろで観ていたときのことです。

その日は日曜日で、大変な混雑ぶりでした。私の目の前に座ってパレードの開始を待っていたのは、小さな女の子と赤ちゃんを抱っこしたお母さんです。お母さんは赤ちゃん連れでお疲れのご様子。女の子は、館内の混雑とママにかまってもらえない寂しさとでぐずっていました。

「何歳？」と声をかけると、「4歳なんです」とお母さん。

「疲れちゃった？　もうすぐキティちゃん、出てくるからね」

私は女の子にそう話しかけました。それでも寝転がったり、お母さんに絡みついたりと、明らかに不機嫌な女の子。

間もなくして、パレードが始まりました。

最初に登場したのは空中パフォーマンス、エアリアルティシュー。女の子の見上げる上で、シルクの帯をひらひらとさせながら空中アクロバットが華麗に舞います。ですが、女の子は後ろを向いてしまったり、泣きべそをかいたりしています。

パレードが進行し、やがてたくさんのキャラクターが登場。ハローキティとディアダニエルが出てきて、楽しいパーティの場面です。それでも女の子は時々、お母さんの背中を叩いたりして甘えたい様子です。

ストーリーが佳境に入り、闇の女王が登場。ハローキティたちを苦しめ、光を消していきます。そしてクライマックスで、ディアダニエルたちが「闇の女王を倒せ」と言ったところで、ハローキティのグッとくる台詞です。

「やめて、倒すなんてやめて。誰だって暗い気持ちになることがある。光を見たくないときも。（中略）闇の女王とも仲良くなれるって信じたいの」

ひとしきりハローキティのセリフが終わったそのとき、女の子がお母さんに向かって言ったのです。**「キティちゃん、偉いね」**と。

この情景は、データ上にはどうやっても出てきません。私のほうが感動して、涙が出ました。

複雑なストーリーが子どもたちに伝わっているかどうか、私たちのなかには不安もありました。もちろん、感じ方は十人十色。どう感じていただいてもいいのです。しかし、作り手の真意がどこまで伝わっているかは、ショーの成功の根幹にある魅力を図るバロメーターだと考えています。

４歳の、疲れてぐずっていた女の子をくぎ付けにし、思わず「キティちゃん、偉いね」とお母さんに向かって言わしめた。その様子を間近で見ることができたのです。

感動や感情。顔認証やＡＩの技術が進めば、これらも来場者全員のデータから算出できる日が来るかもしれません。しかし、**結果をデータで見るのと、その場に立ち会って感じ取るのとでは、作り手側に伝わる熱量が全然違います。**作り手のモチベーションを上げてくれるのは、現場で実感するからこそだと思うのです。

デジタルの豊かな可能性と、アナログならではの心温まるギフトの両方を追求できるラボでもあるピューロランド。私たちにとっても最高の居場所です。

ピューロアンバサダーが社員に教えてくれたこと

情報の収集・分析が簡単になったことで、どのキャラクターを好きな人がどんなコンテンツやグッズに惹かれ、ＳＮＳ上で何をどう発信をしているのかなどが、すぐわかるようになりました。

そのベースになっているのが、２０１６年に始めた「ピューロアンバサダー」という制度です。ピューロランドが好きで、ピューロランドのことをＳＮＳなどで積極的に発信してくださる方々に、アンバサダーとして応援をお願いしています。

アンバサダーはお客様であると同時に、ピューロランドの仲間、家族のような存在です。ピューロランドへの熱量が高く、「**一緒にピューロランドを盛り立てていこう**」と、コアなファンとしての意識を持ってくださっています。

２０１８年の夏には「マイページ」というシステムも導入しました。各アンバサダーに専用のページを設けることで、好きなキャラクターや来場回数、発信内容などをより把握しやすくなりました。

投稿数に応じてポイントを付与し、たくさんのポイントを集めた方はイベントにご招待するといったインセンティブを設けています。結果、アンバサダーの数は７０００人前後にまで増えました。

この施策の導入によって、お客様がピューロランドについて何を発信しているかはもちろん、「ピューロランドのどんな点をおすすめしたいですか」など、ヒアリング調査もしやすくなりました。

そして、涙が出るほど嬉しい結果が出ました。定期的にとっているＮＰＳデータ、すなわちネット上にどんなキーワードがどれくらい拡散されているかを見るデータ上に２０１８年7月、**「スタッフ」「あたたかい」という言葉が初めて登場**したのです。

これまで、ピューロランドに関連するキーワードとして挙がってくるのは、「シナメル　かわいい」「パレード　楽しい」など、キャラクターやコンテンツに関するものがほとんどでした。そんななか、２０１８年の夏に、この2つの言葉が加わったのです。

何より、「あたたかい」という表現が心にしみました。すぐに社員研修担当のスタッフと共有しました。ここまでやってきてくれて、本当にありがとうと。

経営をするうえで、数字はとても重要な存在です。数字は嘘をつきません。

しかし、**数字には出にくいものや、客観視しにくいものもあります。コミュニケーションはまさにそう。**しかも結果が実感できるようになるまで、時間がかかります。人材育成はとても重要なことなのに、「結果が出ていないじゃないか」と言われてしまうことも少なくありません。

だからこそ、なおさら嬉しかったのです。

しかし同時に、あぐらをかいていてはいけないなと気を引き締めました。

来場客数が右肩上がりで伸びてきて、これからのピューロランドは数より質を高めるべき時期を迎えます。

そのとき最も大切なのは、お客様とスタッフの温かなつながりです。

「ピューロランドに行って楽しかったし、優しい気持ちになれた」

そう言っていただける施設になっていかなくてはいけないと、改めて思います。

COLUMN

「自分となかよく」するための毎日の習慣③

いろんな自分を認めてあげる ――対話的自己論――

生きていると、いろいろな悩みが生じます。そして多くの場合、人間関係の悩みが一番大きくて根深いものです。

私もそうでした。自分自身の人間関係に対する苦しみもあって、51歳で東京大学大学院に進学し、心理学を研究しました。

大学院で研究を深めたのが「対話的自己論」です。

対話的自己論とは、オランダの心理学者・ハーマンス博士が提唱しているものです。簡単にいうと、一人の人間のなかには複数の価値観やポジションを持った自分がいます。どんな自分が存在するのかを、自己対話を通じて整理していくという方法です。

たとえば、一人の自己のなかにも、新たな物事に率先して取り組むプロモーターポジションもいれば、メタ認知ができるヘリコプターポジションがいたり、普段は顔を出さないシャドーポジションがあったりします。対立するポジションや、それらを仲裁するポジションもある。たくさんの自分があって当然だし、それを認識することが大切だという考え方がベースになっています。

この考え方をベースに、私がNPOの活動などで展開しているのが、自分をバスに例えるワークです。

一台のバスを思い浮かべてください。バスの車内には複数の座席があります。それぞれの座席に、いろいろな価値観や立場の自分が乗っています。

人は本来、自分や他人が思っているよりもはるかに多面的で複雑なものです。たとえば私の中にも、頑張り屋の自分、怠け者の自分、母としての自分、社長としての自分など、いくつもの個性や役割があります。得意なこと、苦手なこと。それらが組み合わさって、私という人間を構成しています。

自分を構成している要素を引き出すために、ワークではまず、参加者のこれまでの軌跡を振り返ってもらいます。この作業をせずに「バスにはどんな自分が乗っていますか」と聞いても、表面的な役割や価値観しか出てこないことが多いからです。

ワークショップは時間が限られているため、今の自分に影響を与えていると思う出来事を思いつくまま書き出してもらいます。私の場合だと、やはり次男を亡くしたこと、乳がんに罹患したことが大きいです。次いで出産したこと、コーチングに出会ったこと、ある人に言われた言葉、人生を変えた運命の本に出会ったことなどが思い浮かびます。

出来事を列挙したら、それによって自分の考えや行動がどう変わったかを書き出してもらいます。そのうえで、「今、あなたというバスの中にはどんな乗客が乗っていますか?」と問いかけるのです。

自分を構成する要素を一つひとつ、バスの座席欄に書き込んだら、次に「それぞれの自分からは、どんな声が聞こえますか?」と質問します。

一人のお母さんとしてはどうですか。職場でリーダーをしている自分はどうですか。消極的な自分は、どんなことを言っていますか。それぞれの座席にいるときの自分が抱いている思いや、訴えたいことなどを拾っていきます。こうして多面的な自分を俯瞰することで、自分自身への理解が深まると同時に、「今は、この自分を優先席に座らせたい」など、今の自分はどうありたいかが見えやすくなります。

バスのワークは、乗客も座席も日々刻々と変わることが大前提です。

たとえば明日、熱烈な恋に落ちたらガラリと変わるでしょう。震災が起きたり、家族に不幸があったり、転職したりしても変わるし、それこそ感動的な映画を見ただけでも人の価値観は変わり得ます。

人間は日々変わっていくもの。「本当の自分はこれ」ということなどできない、というのが大前提です。

でも、意識的に「こうなりたい」と思ったら、理想的な自分に近づくための仕組みをつくることはできます。自己理解を繰り返しながら、進みたい方向へと自分を持っていくことも、人間関係をよりよくすることもできると信じています。

特に、働く女性にはこの方法がおすすめです。母である自分、娘である自分、会社員の自分、リーダーの自分。いろんな自分がいていい。「あなたはあなたのままでいい」というのは、まさにバスの乗客のことなのです。

「バスのワーク」は他者理解にもつながる

バスのワークで自己理解を深めることは、実は他者理解にもつながります。「自分にいろいろな面があるように、他の人にも、自分には見えていない面がたくさんある」と気づけるようになるからです。

「みんななかよく」より先に「自分となかよく」が必要なのは、このためです。自分をバスに乗せてみないことには、相手のバスにもいろいろな乗客がいるという事実に気づくことができません。

たとえば、ピューロランドにいるときの私は基本的に、ピューロランドの館長である自分を見せる窓しか開けていません。外から見た人は、私というバスに乗っている他の乗客は見えないでしょう。同じように、私から見ると、社員のバスの窓から見えるのはサラリーマンの乗客だけだったりします。でも実は、その人のバスにはいろいろな乗客がいるはずです。

このことが理解できると、どんなに苦手な相手でも、全人格を否定することがなくなります。さらに、コミュニケーションを通じて「いいお父さん」の乗客や「やんちゃ」な乗客の存在に気づくと、相手のバスが素敵なものに見えてきたりします。

どのバスにも、一人二人くらいは似たような乗客がいるものです。ピューロランドの社員やアルバイトなら必ず「ピューロランドが好き」「サンリオが好き」という乗客がいます。その乗客がいる限り、同じ方向へバスを走らせることができるのです。

第5章

課題の「深読み」で、はぐくむ力を育てる

「ダメ出し」のおかげで社内が一つにまとまった

先日、組織が一丸となる出来事がありました。

あるイベントに対して、サンリオの辻社長からダメ出しが来たのです。しかしピューロランド全体のことを考えると、悩ましい状況でした。

「申し訳ないです。やるだけやってみます」

そう言って一旦はその場を収めたものの、私は社長からの指示をそのままメンバーに伝えるつもりはありませんでした。お客様の反応はとてもいいし、社内ではスタッフの調整やリハーサル時間の確保を含めて、ギリギリのところでやっています。

どうしたら、ご納得いただけるだろうか。

まず必要なのは、数字的な裏付けです。お客様が好意的な反応を示しているというデータが不可欠だと考え、営業部長にメールをしました。

「SNS上の反応がいい、キーワードとして上がっている回数が多い、このイベントを目当てにお客様がご来場しているといったデータが欲しいです」

そう相談したところ、すぐに「わかりました」との返事が来ました。部下にもすぐに声をかけてくれて、数時間のうちに社員たちからデータが届きました。「**こんなデータがあると、もっと役に立ちますか？**」と、自発的に考えて動いてくれた人もいました。

みんなが力を貸してくれて、集まった数字の数々。それらを持って再び、その日のうちに辻社長の元を訪れました。

「お疲れのところ申し訳ないのですが、イベントの件でご相談です。確かに改善の余地はありますが、お客様の反応はとても良く、実際にこんなデータも出ています。SNSにはこんな書き込みが上がっていますし、アップされている写真の数も多いです。過去のイベントよりも、むしろ好反応です」

お客様は受け入れてくださっていることを、データを見せながらやんわり伝えました。

「経営側としても、あまり残業を増やせる状況にないので、今回は現状のまま進めてもよろしいでしょうか。申し訳ありません」

結果的に、社長は「みんながそれでいいなら、そのままやってみたら」と言ってくださいました。

こうして話を納めたのち、データを送ってくれた社員や、イベントの担当者などに報告のメールをしました。

すると、社員から次々に返信が来ました。

「より一層、お客様の好反応を裏付けるデータを取れるように頑張ります」

「もし昨年対比を割ったとしても、前向きな理由を説明できるデータをすぐにご用意できます」

メンバーそれぞれができることを考え、率先してメールをくれたのです。

この一件を通じて改めて、ピューロランドの方向性を社内で共有できていること、お互いに何をすればいいかが理解できていることに感謝しました。社長からのダメ出しのおかげで、組織の今の状況を再認識できたのです。

私がピューロランドの顧問に就任した2014年頃に同じことが起きていたら、こうはいかなかったでしょう。

当時は、残念ながら自発的に動ける組織ではありませんでした。きっと、「本当はどうすべきか」と考えを巡らせることなく現場に修正を促し、再度リハーサルをして、現場は疲弊し……となったのではないかと思います。

みんながお互いを思いやり、会社の状況を把握し、できることを自分で考える。

おかげさまで、いいチームに育ってきました。

どの組織にも言えることですが、上司から指摘を受けたら、「**その本質は何か**」を見極めることが重要なのではないでしょうか。

たとえば、イベントの内容を修正するように言われた。でも客観的に考えて、イベントを修正する必要性はないように思う。それならワンクッション置いて、指示の真意はどこにあるのか、この指示から何を学ぶべきなのかを考えるのです。

今回のイベントについては、「満足するな」「もっと上を狙え」というメッセージだと私は理解しました。自分の成長や組織の未来につながる学びだと思えば、自ずと謙虚になり、ベストを尽くそう、というモチベーションにもなります。

でも、「直せと言われたから直しました」では、何もいいことがありません。残業が増え、みんなが疲弊し、現場のモチベーションが下がる。「**考えない体質**」**になる。**結果に対して無責任になる。よくないスパイラルに陥るリスクが高くなります。

仕事をしていると、組織の中で板挟み的な状況に陥ることも、優先順位を決めかねることも多々あります。選択肢をていねいに考え、リスクを想定しながら動きますが、最も避けたいのがスタッフの士気を下げること。**会社という「森」を見て、社員という「木々」も見て、守るべきものと向き合うタフさを持っていたい。**この一件を通じて、改めてそう強く胸に刻みました。

従業員エンゲージメント指数で課題を「早期発見」

エンターテイメント事業は、すべて人で成り立っています。コンテンツもショーもイベントも、スタッフがいないとできません。

人材は何より大切な経営資源です。その人材に対して、心の状態を客観的に測り、組織がよりよくなるように早い段階で対策を練ることは、この先ますます重要になると考えます。

そこで、2018年度から新たに取り入れた仕組みがあります。**全社員のエンゲージ**

メント指数を「見える化」する仕組みです。

エンゲージメントとはもともと、約束や婚約を示す言葉です。

顧客エンゲージメントという言葉がありますが、これは企業のサービスやグッズ、ブランドに対してどの程度の関係性や信頼を持っているかを示すマーケティング用語の一つです。同じように、従業員エンゲージメント指数は、自分が勤める企業に対するロイヤリティの高さや貢献意欲を推し量るものです。

ピューロランドでは、外部企業が提供するデジタルサービスを使って従業員の心の状態を測っています。仕事のやりがいや職場の人間関係、待遇面の満足度などについて各社員に聞き、答えを集計し、組織の問題や課題を数値化するのです。

目指すのは、「早期発見・早期対策」です。

体の健康も組織の健康も、やるべきことは同じ。どこにどんな課題が潜んでいるのか。何が原因なのか。それらを定期的にチェックし、必要なら適切な対処をします。

半年間導入してみたところ、結果はすぐに出ました。

ここで大切なのは、現状が見えた段階ですぐに対策を取ること。そして社員が納得できる形で、結果と対策についてわかりやすく伝えることです。

細かく説明してあげないと、「せっかく答えたのに、何も変わらないじゃないか」と社員に思わせてしまいます。これでは、ますます士気が下がって逆効果です。

企業価値を示す指標には、株価や営業利益などさまざまなものがあります。

私は今後、**従業員エンゲージメントも、企業価値を示す指標として重視される時代がくる**と考えています。社員の心の状態がいいという数字が出れば、企業ブランドのイメージ向上や、優秀な人材の確保につながります。

「社員同士、仲がいいです」

「モチベーションが高いです」

こんな説明はもう、通用しません。組織として、こんな取り組みを導入している。結果、従業員の満足度指数がこう上がった。現在はよりよい組織にするために、こんなことを手がけている。そうやって、社内外に客観的かつ具体的に示すことができるかどうかが、企業価値を大きく左右する時代になると思うのです。

今後のピューロランドを左右する、大切な取り組みです。根気強く、協力体制を整えながらやっていきたいと思っています。

評価シートに込めた経営の方向性

「仕事の指示を出すのがコミュニケーション」

世の中、そう思っている上司がほとんどです。「対話を大切にしてください」と伝えても、実際には指示命令や確認のための対話が大半。そして、指示出しや確認が部下育成の肝だと思い込んでいます。

「指示を通してどう部下の成長を促すか、という視点を強烈に持って初めて『育成』になる」

最近、管理職にはこう頻繁に伝えています。

とはいえ、これも口で言っているだけでは始まりません。日々の業務に追われるなか、部下の育成はもちろん自分の成長を意識することすら、強烈な視点を持って行動を習慣化しない限り難しいものです。

そこで、2019年度から人事評価シートに新たな項目を追加しました。上司が、部下の育成方針を書き込む欄です。

まず、年初の評価面接のときに上司と部下が話し合い、来期の売り上げ目標や成長目標を設定します。そのうえで、上司として部下にどんな成長を期待し、そのために具体的に何をするかを書くのです。

評価シートは半年に1回見直し、これをベースに上司と部下が振り返り面談をします。この仕組みによって、上司は「育成するのが自分の役目」という意識を、部下は「育ててもらっている」という思いを持ち続けられます。

「育てる」

「育ててもらっている」

こう捉えられるかどうかで、日々のコミュニケーションのあり方は大きく変わります。

たとえば、上司が部下に注意するとき。

上司も人間です。時間に追われていたり余裕がないと、つい、きつい言い方になってしまうことがあります。同じことを何度言ってもわからないと感じて、イライラしたり。部下からすると、一方的に怒られたような気がしてしまう。仕事をしていると、こんな小さなすれ違いや心の軋轢は日常茶飯事です。

そんなとき、「育てる」「育ててもらっている」という気持ちがあるかどうかだけで、物事の受け取り方はかなり変わります。

成果に対する評価はもちろん大切ですが、そこだけを見てはいけないのです。

時間がかかると思いますが、職場のコミュニケーションの前提として、徹底して取り組んでいきます。

評価シートにどんな欄を設けるかは、会社の姿勢を顕著に表します。たった数センチ四方の小さな欄ですが、そこには「育成し合える会社、成長し続ける組織になろう」というメッセージが詰まっているのです。

人事評価制度は処遇や報酬に直結するだけに、改良するにもかなりハードルがあります。まさに、人事チームの踏ん張りと熱意がなければ実現できなかったこと。胃が痛む思いで制度改善に取り組んできたチームを心から尊敬し、拍手を送りたい気持ちです。

「待ち」の姿勢では女性のキャリアは育たない

従業員エンゲージメントとほぼ同じタイミングで、女性活躍支援プログラム「Sanrio Entertainment Diversity Management」（13ページ写真）をスタートしました。

初年度は、ダイバーシティについてやピューロランドの実情などを伝えたうえで、他社の事例紹介やキャリアアッププラン作成などを行いました。女性社員のキャリア意識を育てるために、一歩を踏み出したのです。

このプログラムで大切にしたいのは、「自分たちが、働きやすい環境をつくっていく」という意欲をはぐくむことです。

「待ちの姿勢」では、本当の意味でのキャリアアップになされません。女性の精神的、経済的自立をテーマにずっと活動してきた今、そうはっきり断言できます。

新卒や中途採用の面接をしていると、次世代の人たちが将来を思い描ける会社にしたいと改めて思います。しかし同時に、社員には積極的に、「働き続けたいと思える会社を、自分たちがつくっていく」という気概を持ってほしい。これが最近の私の願いです。

「**この会社にいていいのかな**」

どんな会社に勤めていても、誰でも一度は思うことでしょう。せっかく入った会社でも、働き始めると不安を覚えたり、「期待していたものと違う」と思ったりすることは、少なからずあるものです。

だからこそ、私は逆に「**ずっといたい会社って、どんな会社？**」と聞きたいのです。

私たち経営陣も、もちろん頑張ります。必要なら人事制度を変えるし、その原資となる売り上げを増やすためにベストを尽くします。でも、考えてほしいのです。どうしたら自分はもちろん、後輩たちに憧れてもらえる会社になるのかを。

サンリオグループは、合併を繰り返して利益を出し、規模を拡大するのを目標にしている会社ではありません。「みんななかよく」という理念を実現しようと、ぶれずにやっている会社です。

事業を続けるには、次世代の人たちが「この会社にいてよかった」と、誇りに思ってくれる会社をつくり続けなくてはいけないのです。働き方の多様性をみんなで考え、働きやすい職場やそのための制度、女性管理職登用の風土を自分たちがつくっていく。

一人ひとりがそういった気概を持てるよう、共に考え、実践していきたいと思っています。

仕事の目的は、お互いに成長すること

仕事をするうえで最も上位にある概念は、人間として成長すること。プロジェクトの

成功や売り上げ達成は、その下にある概念であり、目標です。

もちろん営利企業です。売上目標や動員目標を達成したり、合理的にコストを削減して利益率を上げる努力をするのは当然のことです。そもそも、仕事は成果を挙げてこそ楽しいという面もあります。

ですが、一番大事なことは、仕事を通じて自分もスタッフも、どう成長できるかです。だから、スタッフがその人なりのちょっとしたハードルを越えた瞬間に触れると、ものすごく感動します。そして、気づいたことをちゃんと言葉にして返してあげたいと思っています。「**偉かった、そこ頑張ったよね**」と。

みんなが自分の中にあるハードルを越えた瞬間って、すごく素敵です。

美点凝視という言葉があります。いいところをよく見ようよ、という意味です。あら探しではなく、素敵なところを見つけようと心がけていると、魅力的なシーンが目につくようになります。

言葉遣いへの配慮ができるようになった、若手女子社員のワンシーン。

苦手だったお客様とのコミュニケーションを、素敵な笑顔で積極的にできているお掃除スタッフのシーン。

いつも不満を前面に出していたベテラン社員が、それを感謝に変えられた瞬間。

意見が食い違うと殻に閉じこもってしまいがちだったスタッフが、率先して意見をまとめる役をしている場面。

どのシーンも美しかった。キラキラしたオーラすら見えました。

改善点を見つけることも大切ですが、両方の目をしっかり持って、育成し合える組織になりたい。

リーダーの人たちはぜひ、部下や後輩が日々、ハードルを越える瞬間に目を向けてみてください。日常のなかに、数多くのドラマがあることに気づくことができます。そして、それが自分自身のモチベーションをあげてくれるはずです。

「感情モニタリング」は大人のたしなみ

今期から、私が折に触れて社員に伝えているのが、「**自分の感情に目を向けること**」の大切さです。

昨今、多くの企業が組織における「感情的知性（ＥＩ：Emotional Intelligence）」に注目しています。組織を構成している個々のメンバーのスキルや能力だけでなく、自分の感情を適切に取り扱い、正しく対処することでチーム全体の感情も健全に保つことが、強い組織を作るうえで欠かせない要素なのです。

「イラっとした」
「傷ついた」
「調子に乗りすぎている」

客観的に自分を見る習慣ができると、仕事でも私生活でも感情に任せた言動が減って、思わぬトラブルを避けることができます。

「小巻さんには、苦手な人はいないんですか」

時々こう聞かれます。私も人間です。もちろん苦手な人はいます。ズバッとキツイ一言を放ちたくなることだってあります。

でも、そんなときは冷静に自分を見るよう心がけています。そして、「**ああ、今、腹が立っている自分がいるな**」**と思って、にこっと笑います。それでおしまい。**仕事のシーンで感情的になることは滅多にありません。

では具体的に、自分の感情に気づくにはどうすればいいのでしょう。

私がおすすめするのは「感情モニタリング」。年齢や性別、役職を問わず、すべてのビジネスパーソンに役立つ方法です。

私たちは「よく考えなさい」と言われて育ってきました。「よく感じなさい」と言われることはほとんどありません。

自分の心が何を感じているかをキャッチせずに、「どうしたらいいか」と考えてしまう。あるいは考える間もなく、後先考えずに行動してしまう。腹が立ったり傷ついたりすると、人は衝動的に「どう対処するか」「何を言うか」で動いてしまいがちです。

アンガーマネジメントの必要性を感じ、その研修を取り入れる企業も多いですが、「**客観的に自分を捉えて、ワンクッションおく**」ことは、怒りのコントロールに効果があります。

自分のためのモニター室をイメージして、今、どう感じているかを観察する習慣をつけてみてください。

習慣化するコツは、ただ一つ。「**この時間は、モニタリングに当てよう**」と決めることです。

電車に乗っているとき。ランチの後の5分間。感情モニタリングのトレーニングは、あらゆる場所でできます。自宅から会社に行くまでの間なら、「いいお天気で、今は心地がいい」という感じで、自分と心の中で対話します。「1日10回、心の状態をモニタリングする」と回数まで決めると、より習慣化しやすくなります。

ちなみに、感情モニタリングは過去の出来事にも使えます。

私には数年前まで、ずっと心のなかに引っかかっていたことがありました。感情モニタリングの手法を学んだとき、改めて「**あのとき私はどう感じていたんだろう**」と、モニター室から自分の心を観察してみました。そして、「あのとき私、悲しかったんだ」と、ようやくわかりました。思い切り涙が出てきて、やっと心を整理することができました。

本当は悲しかったのに、傷つきすぎて感情をストップしていた。そんなふうに、自分のことをわかってあげると癒やされます。

「**傷ついていたよね。よしよし。それでもよくやってきたね**」

過去の自分にそう声をかけてあげる。そして、「今はどう?」と問いかける。

「もう許せるし、引きずっても何もいいことはない。ピリオドを打とう」

そう思えると心が楽になり、「ここから未来を創っていこう」と前向きになれます。感情を拾いながら生きていくのは、大人のたしなみです。感情とうまく折り合いをつける方法がわかると、仕事も私生活もよりスムーズになります。

ＳＤＧｓはピューロランドのビジネス戦略である

おかげさまで２０１８年度も、ピューロランドの総売上高は対前年10％以上の伸びを見せました。

この5年間、ピューロランドはさまざまな施策を打ってきました。その大半は、社員がもともと持っていたアイデアです。

ピューロランドの館長として私にできることは、思い込みの枠を外してチャレンジしやすい風土にしていくことと、社外のネットワークや情報を常にアップデートしていくことだと思っています。

何度もお伝えした通り、エンターテイメントについてはまったくの素人でしたし、数字には苦手意識がありました。さらに当時はデジタル音痴でした。多少の経験と知識が生かせると思えたのは、研修や人材育成の分野とマーケティングだけでした。

さまざまな分野の友人や知人を頼って多くの方に話を聞き、ときにはピューロランドにお越しいただきながら、今日までやってこれました。そして、周囲の方に教わりながら時代を追いかけるなかで、今期からピューロランドが取り組むのがSDGsです。

SDGsとは「持続可能な開発目標」の略称です。2015年9月に国連サミットで採択されたもので、国や地域の枠組みを超えて、みんなで持続可能な社会にするための目標を指します。「貧困をなくそう」「質の高い教育をみんなに」など、17のゴールと169のターゲットから成り立っています。

まさに、世界規模で「みんななかよく」を考えるための国際指標です。サンリオはこのSDGsのゴールに向けて、全社をあげて取り組んでいます。

2018年8月に開設したハローキティの公式YouTubeチャンネル「HELLO KITTY CHANNEL（ハローキティチャンネル）」もその一環です。ハローキティがユーチューバーデビューし、SGDsをはじめとした社会問題にも触れながら、いろいろなコンテンツをお届けしています。

平和な日本ですが、世界に目を向けると、未だに戦争は終わっていません。情報戦争も激しくなるなか、世界には解決しなくてはいけない課題があふれています。

インターネットを通じてさまざまな情報が瞬時に入ってくる世の中で、私たちはどうやって「みんななかよく」を伝えていけばいいのか。このことを真剣に考えたとき、ピューロランドという場所、そしてライブキャラクターやコンテンツを通じて、SDGsへの取り組みに積極的に関わっていこうという結論に達したのです。

SDGsへの取り組みは100％、経営戦略です。「余裕があったらやるべきこと」ではありません。

もともと、サンリオは辻社長の壮絶な戦争体験を経て生まれた会社です。楽しいだけじゃない。かわいいだけでもない。世界平和を真剣に考えながら、企業としてできることに取り組んでいきたい。これこそが、私がSDGsに力を入れたい理由の一つです。

SDGsに真剣に向き合うと、企業としての課題や反省も見えてきます。

たとえば環境問題です。SDGsのゴール12には「つくる責任つかう責任」という項目があります。ピューロランドではまだ、どうしてもプラスチックごみ削減への取り組みが遅れています。ようやく紙ストローを導入することになりましたが、まだまだです。ただ、だからと言って目をつむるのではなく、できることから待ったなしで行動に移すことが大切なのでは、と思うのです。

一方、ゴール17の「パートナーシップで目標を達成しよう」は、まさにピューロランドにぴったりのテーマ。ここについては、胸を張って寄与できると言い切れます。

ピューロランドはライブキャラクターが活躍する場所です。国を挙げたSDGsの取り組みに関わることで、キャラクターに社会的意義という付加価値を与え、活躍の機会をもっと増やせるのではないかと思います。

物にキャラクターを描くことで付加価値を生んだ時代から、キャラクターの存在そのものに付加価値をつける時代へ。

「KAWAII」で世界を変える

「ピューロランドの未来をどう考えていますか?」

新卒採用面接で、数名の学生さんからこんな質問をいただきました。

施設の拡張や移転などの可能性、社会貢献についても聞かれました。頼もしいですね。

就職先の展望について経営者に聞きたいのは当然です。

昨今の学生さんは、会社の待遇よりもむしろ、その会社が社会的にどんな意義のある事業を行い、どう未来を拓こうとしているのかということに価値を見出しているといわれていますが、面接を通してそのことを実感しました。


２０２０年に、サンリオは60周年、ピューロランドは30周年を迎えます。変化の激しい今、会社の未来をどう考えるかは、とても難しく重いテーマです。


お伝えしてきたように、贈り物やお誕生日にまつわる原体験、そして戦争の悲惨な体験を経て、「かわいいもので、世界中がみんななかよくなるための会社をつくる」のが創業社長の想いです。

一見、とても優しくファンタジーに溢れるビジョンですが、92歳を迎える今も、辻社長の想いには全身全霊で私たちに語りかけてくるほどの強さと深さがあります。何度聴いても、創業の想いを辻社長が語る場面では、私は感動し涙があふれてしまいます。

その信念の強さは、どんなに経営が苦しくても決してピューロランドを手放さなかったことにも表れています。そこには、経営者としての苦悩も多々あったことでしょう。同様に、支えてきたスタッフたちにも苦悩と忍耐のときが多くあったと思います。

ですから、なおさら真剣にその日々を受け止め、時代を捕まえ、これからも失くしてはならない場所であるよう未来を拓く使命があります。


創業以来ずっと私たちをけん引してきた辻社長は、スーパープランナーであり、スーパーマーケター、スーパープレゼンテーター、スーパーセールスマンです。なおかつ、メルヘン作家であり、製作総指揮を務めた映画ではアカデミー賞長編ドキュメンタリー映画賞を受賞しているクリエイターでもあります。

いつも時代の先を読み、40年前に「この先、世の中は豊かになり、物が売れない時代が来る。これからはライブエンターテイメントの時代になる」。そう見込んでピューロランドを立ち上げ、「日本には美しい四季があるけれど、気候の影響は人の楽しみを阻害する。絶対に屋内型のテーマパークじゃないとだめだ」と見通した。間違いなく、万に一人の才能と運に恵まれた、稀有な経営者だと思います。
そんなスペシャルな創業者のバトンを受け取る私たちは、誰か一人がその代わりを担えるわけもなく、だからこそ「スーパーカリスマ経営」から「全員参加の組織経営」へと体質改善をしていかなければならないと思っています。

会社は「人」がつくっています。「組織」が機能していなければバラバラと崩れてしまう。未来を拓く基盤は、「みんななかよく」の理念を礎にした組織づくりがベースになります。

創業当時から今まで、世界中を仲良くするために、介在役として「かわいいもの」を世の中にたくさん送り出してきました。**物が溢れる現代においては、物質的な「もの」ではなく「かわいい」という概念を広めていく必要があります。かわいい振る舞い、かわいいメッセージ、あるいは「かわいい」という言葉そのものかもしれません。**

ピューロランドにいると、キャラクターの魅力のひとつに「癒し」があるのではないか、と感じることがたびたびあります。おひとりさまも多く見かけしますが、キャラクターと同じ衣装を手作りでお召しになっていたり、全身キャラクターグッズに身を包んで楽しまれたりしています。お話を伺うと、そのキャラクターにまつわるご自身のストーリーがあるのです。印象的な出会い、励まされた経験、ピューロランドで元気になれたときのこと――。

そして、「ピューロランドをかわいくしてくれて、ありがとうございます」と御礼を言われることも頻繁にあり、恐縮してしまいます。

「ご来場いただきありがとうございます」とこちらが言う立場なのに、たくさんの「ありがとう」を言っていただけるなんて、本当に幸せな仕事です。

皆様の笑顔を見ていると、ここに何か、未来を拓くヒントがありそうだと思うのです。

笑顔が免疫力を上げるという研究結果があるように、意識や祈りといった目に見えないものも人に伝わることがあるということが、研究により明らかになりつつあります。

そんななか、デジタルの技術革新によって、瞬時にメッセージだけではなく動画もやりとりできる世の中になってきています。

キャラクターの魅力を最新技術に乗せて、国内外の方々へ「かわいい」を届ける。それが社会課題の解決につながるようなものであれば、ＳＤＧｓの取り組みとしても合致します。

さらに、リアルな場としてのピューロランドで多くの方々が「かわいい！」と楽しんでくださることが、世界中の誰かの笑顔につながる仕組みができたら、お客様の楽しみ方も多様になっていくかもしれません。そして、これらを実現できるピューロランドと組んで新たな取り組みをしたい企業様も増えるのでは、と考えています。

固く言うと、「ＫＡＷＡＩＩ」を通じてＢtoＢ、ＣtoＣの可能性を追及する、そして世界を変える！　ということになるでしょうか。

夢のようでもあり、すぐそこにある未来でもある。

未来のピューロランドを、全員参加型の対話的組織で作っていきたいと思います。

エピローグ

こうして、ピューロランドの本を出版する日がくるなんて、これもまた想定外の出来事です。そしてさらに想定外にも、このタイミングで「株式会社サンリオエンターテイメント代表取締役社長」に就任する運びとなりました。重責に震えていますが、同時にこのようなチャンスを頂けたことに大きな喜びと感謝を感じています。

ピューロランド、そして、本書では触れていませんが大分県のハーモニーランドも、サンリオの世界観を体現できるテーマパークです。これからどんな会社になっていったら関わる方々がさらに幸せになれるだろうか、と思いを巡らせます。

ショー、アトラクション、イベント、グッズ、フードメニュー、運営、パーククリーン、施設、設備などお客様へのサービスを直接提供していく部門、そしてバックヤードでテーマパークを支える管理部門、営業部門も、各担当スタッフが学びを深めて知見を共有していけば、最適最高の仕事をしていけると思います。

災害の多かった平成、新しくスタートした令和。

この時代に、この日本という国に、そしてこの仲間たちと、なぜ今、この仕事をしているのか。これを考えるとピューロランドのミッションが、ビジョンが、パーパス（存在意義）が見えてきます。

ピューロランドはコミュニケーションをテーマにキャラクター、エンターテイナー、スタッフが、全員でお客様にＮＡＫＡＹＯＫＵとＫＡＷＡＩＩを体感していただくことがミッションです（大分のハーモニーランドは、「笑顔になろう、笑顔にしよう、笑顔をとどけよう」をスローガンに、人と人のつながりを通じて、みんなが笑顔になれる空間をお届けするのがミッションです）。

向かう先は、「世界中がみんななかよく」。

これはピューロランドもハーモニーランドも同じです。

私たちの存在意義、これを文言化する作業に今、みんなで丁寧に取り組んでいます。

この書籍を通してV字回復の立役者はまちがいなく社員、アルバイトさん一人ひとりだったことが伝わったと思います。

さまざまなエピソードが登場していますが、なるべく個人が特定できないよう書いたつもりです。

でも、本当は全員の名前をエンドロールのように書き記したい気持ちです。

また、ありがたいことに、私の中では「有識者会議」と勝手に位置付けている各分野のスペシャリストの友人たちがいます。

コーチング、研修、マーケティング、デジタル・IT分野、経営、事業継承、エンターテイメント。途方に暮れていた赴任当初から今日にいたるまで、その友人たちのサポートなしには、私はここに居続けることはできなかったと思います。この5年で体験させていただいた数々の珠玉の出来事を振り返り、あらためて、「有識者会議」の友人たちへ御恩返しできるようベストを尽くしたいと思います。

そして今回、出版のご提案をくださったダイヤモンド社の鈴木豪さん、アイクリエイトの粟田あやさん、著述家の瀬戸久美子さんに心より感謝いたします。

令和の時代、誰もが「生まれてきてよかった」と思えるような平和でやさしい時代になりますよう、祈りをこめ原稿のしめくくりとしたいと思います。

お読みくださいまして、どうもありがとうございました。

令和元年初夏　小巻亜矢

［著者］
(株) サンリオエンターテイメント
代表取締役社長 小巻亜矢（こまき・あや）
株式会社サンリオエンターテイメント代表取締役社長。サンリオピューロランド館長。東京都出身、東京大学大学院教育学研究科修士課程修了。1983年（株）サンリオ入社。結婚退社、出産などを経てサンリオ関連会社にて仕事復帰。2014年サンリオエンターテイメント顧問就任、2015年サンリオエンターテイメント取締役就任。2016年サンリオピューロランド館長就任、2019年6月より現職。子宮頸がん予防啓発活動「ハロースマイル（Hellosmile）」委員長、NPO法人ハロードリーム実行委員会代表理事、一般社団法人SDGsプラットフォーム代表理事。

来場者4倍のV字回復！
サンリオピューロランドの人づくり

2019年7月17日　第1刷発行
2022年11月11日　第3刷発行

著　者――(株) サンリオエンターテイメント
代表取締役社長 小巻 亜矢
発行所――ダイヤモンド社
〒150-8409　東京都渋谷区神宮前6-12-17
https://www.diamond.co.jp/
電話／03･5778･7233（編集）　03･5778･7240（販売）
装丁・本文デザイン――山田知子（chichols）
写真――加藤アラタ、宇佐見利明、株式会社サンリオエンターテイメント
DTP・製作進行――ダイヤモンド・グラフィック社
印刷――新藤慶昌堂
製本――加藤製本
編集協力――瀬戸久美子、栗田あや（アイクリエイト）
編集担当――鈴木 豪

ISBN 978-4-478-10792-8